2'50

ARTHUR BERNÈDE

LES NOUVEAUX EXPLOITS DE CHANTECOQ

Le Mystère du Train Bleu

Collections hebdomadaires du Livre National
ROMANS CÉLÈBRES DE DRAME ET D'AMOUR
ÉDITIONS JULES TALLANDIER
75, Rue Dareau, PARIS (XIVe)

Le Mystère du train bleu

ROMANS CÉLÈBRES DE DRAME ET D'AMOUR

ARTHUR BERNÈDE

LES NOUVEAUX EXPLOITS DE CHANTECOQ

Le Mystère du train bleu

ÉDITIONS DU LIVRE NATIONAL
75, Rue Dareau, PARIS (XIVᵉ)

QUELQUES MOTS AUX LECTEURS

Il y a quelque temps, je recevais la visite de mon vieil ami Chantecoq, le roi des détectives. Je ne l'avais pas revu depuis deux années.

Il me parut plus en forme que jamais. Toujours mince, élégant, nerveux, l'œil clair, vif et pénétrant, le visage étonnamment jeune, il semblait, de son sourire narquois et spirituel, défier ce qu'on est convenu d'appeler les injures du temps.

Il commença par m'accabler de ses plus affectueux reproches.

— Vous me laissez tomber, fit-il, avec cette cordialité familière qui le caractérise.

Et, sans me donner le loisir de me défendre, il poursuivit :

— Vous ne devriez pas oublier que vous me devez les sujets d'un certain nombre de vos romans : Cœur de Française, L'Espionne de Guillaume, Chantecoq, et tout récemment, Belphégor.

— Je m'en souviens parfaitement ! protestai-je, avec toute l'énergie dont je suis capable.

Et, je crus pouvoir ajouter :

— J'allais même vous écrire.

— Blagueur ! ponctua l'illustre limier.

Je ne me formalisai nullement de cette épithète, lancée d'ailleurs avec une bonne humeur des plus communicatives, et je poursuivis imperturbablement :

— ... Pour vous demander de venir dîner chez moi le soir qui vous conviendrait.

— Vous avez toujours la même cuisinière ?

— Louise... Et comment donc !

— Alors, j'accepte, car c'est un vrai cordon bleu.

QUELQUES MOTS AUX LECTEURS

*Je dois vous dire, mes chères lectrices et mes chers lecteurs, que Chantecoq
est un des plus fins gourmets qu'il m'ait été donné de rencontrer. Nul mieux
que lui n'apprécie la saveur d'un mets ou l'excellence d'un vin, mais, par
exemple, il a horreur de la cuisine dite « moderne », c'est-à-dire excentrique et
compliquée. Et, n'en déplaise à mon charmant et talentueux confrère Paul
Reboux, créateur et distributeur de recettes inédites et spéciales, il refuse
obstinément à son palais délicat entre tous, l'autorisation de faire connaissance
avec l'un de ces plats où se trouvent mélangés, parmi les assaisonnements les
plus diaboliques, les aliments les moins destinés à se tenir compagnie.*

Chantecoq reprenait :

*— Maintenant, cher ami, que je vous ai fait faire l'économie d'un timbre
de cinquante centimes, je suppose que vous n'allez pas hésiter un seul instant
à me révéler le but de votre aimable invitation.*

*— N'entendant plus parler de vous, j'étais très désireux de savoir ce que
vous deveniez.*

*— N'avez-vous pas écrit un jour : « C'est souvent lorsque les gens font le
moins parler d'eux qu'ils agissent le plus ? »*

— Très exact, répondis-je.

*— Eh bien, scanda le roi des détectives, c'est absolument mon cas. Depuis
notre dernière rencontre, j'ai été le héros d'une série d'aventures qui comptent
parmi les plus extraordinaires de ma vie, et, tandis que vous vous prépariez à
m'écrire, je me mettais en route pour vous en apporter la primeur.*

Enchanté de l'aubaine, je m'écriai :

*— Vous ne pouviez pas tomber mieux. Mon éditeur et ami, Jules Tallan-
dier vient, en effet, de me réclamer un roman policier, que je lui avais promis
après Belphégor. J'en suis à cette période de travail si difficile où l'auteur, face
à face avec les feuillets blancs entassés devant lui, doit faire jaillir de son cerveau l'idée mère du récit qu'il se propose de composer.*

*« Mille projets, plus ou moins confus, se heurtent en moi et je vous avoue-
rai qu'aucun d'eux ne me communique cet enthousiasme indispensable à
tout auteur véritablement soucieux « d'accrocher son public »... Et voilà que
vous m'apportez un sujet.*

— Un sujet ?... interrompit Chantecoq... mais plusieurs !

*— Vous me gâtez ! remerciai-je... car, je suis sûr d'avance, que je n'aurai
que l'embarras du choix.*

— Je l'espère, déclara le grand limier.

*Tandis que, dans son regard, s'allumait une jolie flamme mystérieuse
qui paraissait éclairer les plus magnifiques promesses, il poursuivit :*

*— Le fait est que je viens de vivre des instants prodigieux, tels que je n'en
ai pas connu, lorsque j'étais inspecteur de la Sûreté, et même au cours de ma
carrière de détective privé.*

— Pas possible !

— Je n'exagère pas ! Vous verrez et vous jugerez !

*« Dès à présent, je puis vous révéler que, pendant les deux années qui
viennent de s'écouler et où j'ai dû incarner plus de vingt personnages aussi
nouveaux que différents, depuis celui de gardien de phare jusqu'à celui de*

marchande à la toilette, j'ai été assassiné trois fois et même enterré vivant. Ce n'est pas tout. Ce n'est même rien. J'ai été Roi pendant quarante-huit heures.

— Roi ?

— Oui, mon cher, Roi, avec un grand R..., avec un vrai peuple, ce qui est charmant, et de vrais ministres, ce qui est beaucoup moins agréable... J'ajouterai que je me suis battu avec des fantômes, ce qui est beaucoup plus dur que de lutter avec des vivants. J'ai même eu pour adversaire, un des plus illustres savants du monde, un homme de génie, qui, pour se venger d'une trahison féminine, avait tout simplement décidé de déchaîner sur l'humanité le plus redoutable fléau qui l'eût désolée et eût peut-être abouti à sa destruction totale.

— Chantecoq... Chantecoq... m'écriai-je, ravi... vous me mettez l'eau à la bouche.

— Comme votre cuisinière... Et je n'ai pas vidé tout mon sac.

— J'ai hâte de vous entendre. Voulez-vous demain soir ?

— Avec plaisir ! nous serons seuls ?

— Naturellement ! Ne m'avez-vous pas réservé le monopole exclusif de vos histoires ?

Chantecoq voulut bien me dire :

— Parce que je sais que, recueillies par vous, elles ne seront ni déformées ni enjolivées et qu'elles parviendront à vos lecteurs, telles que je vous les aurai narrées moi-même.

Le lendemain soir, à huit heures précises, nous nous mîmes à table...

Pendant tout le dîner, nous n'échangeâmes que des propos d'ordre général. Il avait été entendu entre nous que le roi des détectives ne tirerait son feu d'artifice d'anecdotes qu'au dessert.

Lorsque la dernière fusée du bouquet s'envola, je crus qu'il était minuit à peine... En réalité, il était cinq heures du matin... Jamais je n'avais eu une notion plus inexacte du temps.

La faute en était à Chantecoq, tant il m'avait captivé par ses histoires vécues, passionnantes, tour à tour tragiques et gaies, aussi variées que pittoresques, et qu'il racontait avec une émotion qui n'appartenait qu'à lui et une verve que je voudrais tant lui emprunter.

En voici une : Le Mystère du train bleu. *Sur la demande du narrateur, j'ai pris, pour la reproduire, la forme dite « impersonnelle », d'abord parce qu'elle est plus rapide et plus directe, puis parce que Chantecoq m'a dit :*

— Surtout que l'on ne croie pas que j'aie voulu écrire mes Mémoires, je suis trop jeune encore.

Respectueux de la volonté du véritable auteur de ces récits, nous nous sommes inclinés devant elle.

Surtout, que certains ne croient pas que ces lignes soient un à-propos de fantaisie ; Chantecoq existe, en chair et en os. Il ne s'appelle pas Chantecoq, voilà tout. Chantecoq, c'est le nom de son pays, un délicieux petit village du Loiret, situé entre Sens et Montargis, et le surnom que lui avaient attribué ses anciens collègues de la Sûreté générale parce que, levé de bon matin, toujours

le premier, il savait, de sa voix claironnante, chaque fois que cela était nécessaire, réveiller les énergies momentanément assoupies et, ainsi qu'on le dit
vulgairement, redonner du cœur au ventre à ceux qui en manquaient au
moment décisif.

Voilà pourquoi nous sommes persuadés, que ceux qui connaissent déjà
Chantecoq, seront contents de le retrouver et ceux qui en entendront parler
pour la première fois, n'auront pas à se plaindre d'avoir fait sa connaissance.

ARTHUR BERNÈDE.

Le Mystère du train bleu

I

LE ROI DES DÉTECTIVES

Lorsque, abandonnant l'avenue des Ternes, un peu avant de franchir le pont qui surplombe le chemin de fer de ceinture, vous pénétrez dans l'avenue de Verzy, vous êtes tout surpris de vous trouver tout à coup, au sortir de l'une des artères les plus animées du nouveau Paris, dans une cité calme, paisible, intime et charmante.

Tandis qu'à droite s'élèvent de vastes immeubles de construction récente et que l'on devine doués de tout ce qu'on est convenu d'appeler le confort moderne, vous remarquez, sur votre gauche, plusieurs petits hôtels enfouis, l'été, sous la verdure.

Alors, encore assourdis par le tintamarre de la rue, par les rugissements des cornes des tramways et d'autos, par le fracas métallique des camions et toutes les rumeurs prolongées qui servent en quelque sorte de base à cette symphonie aussi discordante qu'ininterrompue, vous vous trouvez tout à coup, et pour votre vif agrément, doucement baigné par une atmosphère de silence, qu'à la belle saison trouble seulement le spirituel pépiement des moineaux.

Vous ne respirez plus ces âcres relents d'essences et d'huiles, ni cette impalpable poussière qui pénètre dans votre larynx, dans vos poumons et vicie votre sang comme elle flétrit les feuilles et tarit la sève des arbres qui ont eu l'infortune d'être transplantés dans la grande cité.

Vous éprouvez, au contraire, une sensation de libération, de détente, de bien-être, et, dans votre joie de vous être enfin évadés d'une zone dangereuse, vous vous dites :

— Qu'il doit faire bon vivre ici !

Vous ne vous trompez pas.

L'avenue de Verzy est l'un des rares et derniers coins de Paris où, T. S. F. à part, un travailleur intellectuel peut encore se livrer à son labeur quotidien sans être obsédé par le vacarme urbain, et dormir, la nuit, sans être contraint de se mettre du coton dans les oreilles ou de s'enfouir la tête sous son oreiller.

C'était dans une de ces agréables demeures, dont l'architecture extérieure rappelait un peu celle d'un de ces jolis cottages normands tels qu'on en voit sur les plages du Calvados et de la Manche, que Chantecoq, le roi des détectives, avait élu domicile.

Ce jour-là, dans une salle à manger fraîche, avenante, avec ses tentures claires et son ameublement tout en Louis XV provençal, il achevait de déjeuner en famille, c'est-à-dire avec sa fille, la délicieuse Colette, sur laquelle, depuis la mort déjà lointaine de sa femme, il avait reporté toute l'affection dont il était capable... et son gendre,

Jacques Bellegarde, le reporter déjà fameux du *Petit Parisien*.

Un quatrième personnage assistait à ces agapes...

C'était un petit bonhomme mince, sec, étriqué, au facies de clown, aux allures de jockey, au regard fureteur, sans cesse en éveil, au visage parcheminé, ridé, et auquel il eût été d'autant plus difficile de donner un âge, que, chaque fois — fait assez rare, d'ailleurs — qu'il lui arrivait de sourire, sa physionomie prenait tout à coup une expression de jeunesse et de gaîté qui le rendait immédiatement sympathique à tous et... même à toutes.

Depuis un an, il remplissait auprès de Chantecoq les difficiles et délicates fonctions de secrétaire.

On ne le connaissait que sous le nom ou, plutôt, le surnom de *Météor*, qu'il devait à sa faculté d'apparaître et de disparaître avec une rapidité qui tenait du prodige.

D'où venait-il ?... Quel était son passé ?... ses origines ?... Commment le grand homme l'avait-il connu ? A la suite de quelles circonstances lui avait-il accordé mieux que sa confiance, c'est-à-dire son amitié ?

En dehors de Chantecoq, nul n'en savait rien, pas même M. et Mme Bellegarde, qui se seraient bien gardés d'interroger le détective à ce sujet, car, mieux que personne, ils savaient que celui-ci, lorsqu'il ne parlait pas, avait de graves raisons de se taire, et ils respectaient tellement ses secrets qu'ils se fussent bien gardés de poser la moindre question à ce Météor, qui, d'ailleurs, manifestait envers son patron les sentiments du plus profond dévouement et de l'attachement le plus sincère.

Le dessert terminé, Colette demandait :

— Père, est-ce que nous prenons le café dans ton studio ?

— Pas aujourd'hui, ma chérie, répliquait le détective en enveloppant sa fille d'un long regard de tendresse.

Et il ajouta :

— J'attends une visite que je crois assez importante pour ne pas la différer.

« Voilà pourquoi je vous demande, à ton mari et à toi, de savourer ici l'excellent moka que notre cher cordon bleu Marie-Jeanne n'aura pas manqué de nous préparer.

— Nous serons très bien ici... s'empressait de déclarer Jacques Bellegarde, avec cordialité.

A peine avait-il prononcé ces mots qu'un timbre résonnait dans le vestibule voisin.

— Serait-ce déjà la visite en question ? s'écriait Colette.

— Je ne le pense pas, fit Chantecoq... le rendez-vous est pour quatorze heures, et il n'est que treize heures et demie.

L'un des battants de la porte d'entrée s'ouvrait, livrant passage à un valet de chambre à la figure franche, ouverte, à la carrure robuste, et qui semblait beaucoup plus fait pour porter une vareuse de sous-officier qu'un tablier blanc de domestique.

Il apportait sur un plateau une lettre qu'il présenta à Chantecoq, qui s'en empara.

L'enveloppe, dont l'adresse était tapée à la machine à écrire, portait cette mention soulignée d'un trait à l'encre rouge : *Rigoureusement urgente et personnelle.*

Le détective prit un couteau avec lequel il fendit l'un des côtés de l'enveloppe, d'où il retira une double feuille de papier pliée en quatre, qu'il déplia aussitôt.

Son visage, au profil frappé en médaille, au menton volontaire et au regard d'une étonnante acuité, se tendit aussitôt comme si son attention se concentrait sur un seul objet, une seule pensée.

Sa lecture terminée, il grommela entre ses dents :

— Voilà qui n'est pas banal.

Puis, il appuya sur le bouton d'une sonnerie électrique.

Quelques secondes s'écoulèrent au bout desquelles le valet de chambre reparut, apportant sur un plateau beaucoup plus vaste, non pas une lettre, mais quatre tasses, un sucrier et une cafetière, d'où s'exhalait ce parfum suave entre tous qu'est celui d'un café merveilleusement réussi.

Lorsque le domestique, lentement, avec précaution, eut déposé son précieux fardeau sur la table, Chantecoq l'interpella :

— Dites-moi, Gautrais.

— Monsieur ?

— Qui, tout à l'heure, a apporté cette lettre ?

— Un commissionnaire, répliquait le serviteur, avec la précision, la netteté d'un ancien soldat.

— Avait-il sa médaille ?

— Oui, monsieur.

— Vous n'avez pas pu repérer son numéro ?

— Non monsieur. J'aurais pu le faire, mais j'aime mieux vous dire que je n'y ai pas pensé.

— Son signalement ?

— De petite taille ; les cheveux grisonnants, ainsi que la barbe, assez fournie ; de gros, d'énormes sourcils en broussailles...

— Donc, camouflé, lançait le détective à son secrétaire, qui griffonnait déjà des notes sur un carnet que, prestement, il avait tiré de sa poche.

Gautrais poursuivait :

— Signe distinctif : il boite légèrement de la jambe gauche, ce qui ne l'empêche pas de monter à bicyclette, vu que...

— C'est bien, je vous remercie... arrêtait le détective.

Le valet de chambre esquissa un geste qui était comme l'amorce d'un salut militaire... Et, faisant demi-tour, il regagna le vestibule.

Chantecoq demeura un instant silencieux, le front penché en avant, le regard fixé sur son assiette... Colette s'empara de la cafetière, remplit les tasses, et après avoir adressé à son mari un bref coup d'œil qui n'était pas exempt d'inquiétude, elle fit en déposant une tasse devant son père :

— Deux morceaux de sucre, père ?

Le limier eut un simple signe de tête affirmatif.

De plus en plus anxieuse, Mme Bellegarde plongeait dans le sucrier une pince en argent, lorsque, brusquement, Chantecoq releva la tête.

Instantanément, sa figure avait repris son expression de belle humeur, et d'une voix pleine d'entrain et même toute joyeuse, il fit :

— Pardonnez-moi cette légère absence... et surtout ne croyez pas qu'il me tombe une tuile... Loin de là !... Depuis quelque temps, les affaires sensationnelles faisaient plutôt défaut, n'est-ce pas, Météor ?

— Oh ! oui, patron ! appuya le secrétaire avec une grimace des plus significatives, que lui permettait le caoutchouc extensible dans lequel ses joues semblaient avoir été taillées.

Le roi des détectives poursuivait avec animation :

— Chantecoq sans aventures, Chantecoq réduit à rechercher des voleurs de colliers de perles pour le compte de milliardaires américains ou de compagnies d'assurances ! Cela ne pouvait pas durer.

« En effet, il me tombe aujourd'hui du ciel ou... de l'enfer... je n'en sais rien encore, une affaire telle que je n'en ai pas eu depuis celle du *Fantôme du Louvre*, et à priori je me demande si elle n'est pas appelée à avoir un jour dans le public un aussi grand retentissement que celui qu'ont provoqué mes démêlés avec feu *Belphégor*.

— Est-ce possible ? s'exclamait Bellegarde, d'autant plus intrigué qu'il n'ignorait pas que son beau-père ne bluffait jamais.

— En tout cas, affirmait le détective, elle débute d'une façon plutôt piquante. Après tout, je ne vois pas pourqui je ne vous la raconterais pas. Depuis longtemps, ma chère Colette, j'ai constaté que je pouvais compter entièrement sur ta discrétion. Quant à vous, mon cher gendre, je crois superflu de vous demander d'oublier en ce moment que vous êtes le plus brillant de nos reporters pour vous souvenir uniquement que vous êtes mon gendre.

« D'ailleurs, nous avons déjà collaboré et il se pourrait fort bien qu'un jour ou l'autre j'eusse encore besoin de vos services.

— Ils vous sont acquis d'avance, s'engageait Bellegarde avec la plus chaleureuse spontanéité.

— En deux mots... voici ! posait le roi des détectives.

« Je vous ai dit que j'avais ici, dans mon bureau, à quatorze heures, un rendez-vous que je considérais comme très important.

« Eh bien, voici la lettre que je viens de recevoir.

Chantecoq prit la missive qu'il avait serrée dans la poche de son veston. Et à haute voix il lut :

« Monsieur,

« J'ai appris que vous deviez recevoir chez vous, ce jour même, la visite de Mme la comtesse Marie-Thérèse de Roscanvel.

« Sans doute ignorez-vous le but de sa démarche ? Je vais vous la révéler.

« Mme de Roscanvel vient vous demander de l'aider à sauver la tête de son amant, Julien Guéret, qui, le 8 mars dernier, a assassiné son mari, dans le rapide de Paris-Monte-Carlo, dit train bleu, entre Cannes et Saint-Raphaël.

« Monsieur Chantecoq, j'ai pour vous une grande admiration. Je vous ai suivi de plus près que vous ne le pensez au cours de votre admirable carrière. Je sais qu'avant la guerre, en votre qualité d'agent de la Sûreté générale, vous aviez déjà acquis, grâce à vos retentissants exploits, une réelle célébrité.

« Mobilisé en 1914, comme officier de réserve, après vous être vaillamment battu et avoir mérité la Légion d'honneur et la Croix de guerre, vous avez été mis en sursis d'appel et, sous le contrôle du deuxième bureau,

auquel *j'étais attaché moi-même*, vous vous êtes livré à une chasse aux espions qui a achevé de vous classer comme un véritable héros populaire.

« Après l'armistice, vous avez donné votre démission et vous avez ouvert un cabinet de détective privé.

« Votre réputation, solidement établie, et basée à la fois sur votre valeur professionnelle et votre noble caractère, vous ont valu une clientèle d'élite, que vous servez avec autant d'intelligence que de zèle.

« Je crois donc que mon devoir est de vous mettre en garde contre les menées d'une intrigante redoutable entre toutes, et qui, sous ses allures doucereuses, hypocrites, cache une âme abominable, gangrenée par tous les vices et capable de tous les crimes.

« Tous ceux qui l'ont approchée de près, s'étonnent qu'elle n'ait pas été arrêtée en même temps que son amant...

« Aucun d'entre eux ne doute que ce ne soit elle qui lui ait conseillé, inspiré, dicté son crime.

« Bien que, grâce à votre admirable perspicacité, vous soyez capable de percer à jour, très rapidement, le caractère et les intentions de cette misérable femme, j'ai pensé qu'il ne vous serait point désagréable d'être en possession de ces renseignements, avant votre entrevue avec la comtesse de Roscanvel.

« Je pense encore vous être utile en vous fixant sur son passé, sur ses origines.

« La comtesse Marie-Thérèse est de naissance extrêmement modeste. Son père, Yves Trégarec, commandait un bateau de pêche à Camaret, et sa mère tenait dans le même port une petite boutique de librairie.

« Marie-Thérèse, toute enfant, manifestait une vive intelligence et un goût prononcé pour l'étude.

« Elle était en outre fort jolie.

« Ses parents, qui fondaient sur elle les plus légitimes espérances, se saignèrent aux quatre membres pour lui donner une instruction de premier ordre. Ils l'envoyèrent dans le meilleur pensionnat de Brest, où elle fut élevée avec toutes les jeunes filles de la haute aristocratie bretonne.

« Celles-ci la considérèrent d'abord comme une intruse et affectèrent de la tenir en quarantaine.

« Mais bientôt leur morgue héréditaire se dissipa sous le charme qui émanait de Marie-Thérèse, et, malgré elles, toutes durent s'incliner devant la supériorité physique et intellectuelle de leur jeune compagne.

« Marie-Thérèse ne tarda pas à devenir la véritable reine du couvent. Non seulement elle était toujours la première de sa classe, mais la gaîté qui l'animait pendant les récréations et les promenades, en faisaient aussi le boute-en-train de la maison.

« Bonne musicienne, douée d'une voix délicieuse, elle chantait tour à tour à ravir les cantiques sacrés ou ces vieilles chansons armoricaines toutes de poésie mystérieuse et pittoresque.

« Les religieuses, ses maîtresses, la citaient en exemple à toutes, et toutes acceptaient qu'il en fût ainsi, sans la moindre jalousie, sans la plus légère réticence.

« Marie-Thérèse Trégarec s'était liée d'amitié avec une jeune fille de son âge, Mᵘᵉ Jeanne de Roscanvel, fille du marquis et de la marquise, qui possédaient, aux environs de Loctudy, un très beau château où, chaque année, ils passaient l'été. A l'automne, ils rentraient à Paris, où leur fortune, très considérable, leur permettait de mener grand train, mais ils laissaient leur fille à Brest, préférant ne pas l'initier trop tôt à l'existence mondaine de la capitale.

« Ils avaient également un fils, Robert, qui, ses études terminées, s'était entièrement adonné aux sports, où d'ailleurs il excellait.

« Une année, Jeanne demanda à M. et Mᵐᵉ de Roscanvel la permission d'inviter son amie Marie-Thérèse à passer une semaine d'août au château.

« Le marquis et la marquise n'avaient aucune raison de refuser l'hospitalité à une jeune personne aussi accomplie que Mᵘᵉ Trégarec. Ils n'allaient pas tarder à s'en repentir.

« Leur fils, Robert, qui villégiaturait en famille, tomba éperdument amoureux de Marie-Thérèse.

« S'apercevant, dès ses premières attaques, qu'il ne parviendrait pas à en faire sa maîtresse, il ne parla rien moins que de l'épouser.

« Fureur des parents, mais fureur inutile.

« Trois mois après, malgré la volonté des siens, Robert, qui avait vingt-quatre ans, épousait Marie-Thérèse, qui n'en avait que dix-sept. Le marquis et la marquise maudirent leur fils et lui retirèrent tout subside.

« Robert s'en soucia d'autant moins que, peu de temps avant son mariage, son oncle et parrain, le vieux duc de Hauteroche, lui avait laissé quatre millions quittes et nets de tous droits et de toutes charges...

« Et le jeune ménage put, dans la joie et dans l'opulence, filer un peu le parfait amour.

« Pendant cinq ans, ce fut, du moins en apparence, le bonheur absolu.

« Mais quelqu'un troubla la fête.

« Ce quelqu'un n'était autre qu'un jeune romancier, Julien Guéret, auteur d'un livre à succès : *Le Secret d'aimer*, qui l'avait placé au tout premier rang de la jeune littérature contemporaine.

« Comment parvint-il à se faufiler dans l'intimité de Robert et de Marie-Thérèse ? Peu importe ! Toujours est-il qu'il devint leur inséparable, et il fut bientôt impossible de les voir les uns sans les autres.

« Julien, naturellement, passa pour l'amant de la jolie comtesse, et Robert pour un mari aveugle plutôt que complaisant.

« Quelques-uns de leurs amis affirmaient, cependant, que ce n'était qu'un bruit calomnieux... Mais un événement aussi tragique qu'inattendu allait leur infliger un démenti que l'on est en droit d'appeler sanglant.

« Le fait est certainement encore présent à votre mémoire : le 6 janvier dernier, le corps du comte Robert de Roscanvel était trouvé, affreusement mutilé, sur la voie du chemin de fer, entre Cannes et Saint-Raphaël.

« On crut d'abord à un accident, puis à un suicide. Une première enquête en établit mieux que l'invraisemblance, c'est-à-dire l'impossibilité absolue.

« La version du crime s'imposait donc... Une nouvelle enquête fut ordonnée. Elle fut confiée à l'un des meilleurs limiers de la Sûreté générale, l'inspecteur Vénarède, de la brigade mobile de Marseille.

« Avec son habileté coutumière, il parvint à établir, avec l'aide des médecins légistes, que Robert de Roscanvel avait été frappé d'abord d'un coup de revolver en plein cœur et que l'assassin avait traîné son corps sur la voie ferrée, afin de faire croire qu'il avait été victime d'un accident.

« Restait à découvrir le coupable. Pour l'habile inspecteur, ce fut un jeu d'enfant. Immédiatement, ses soupçons se portèrent sur celui qui passait, à tort ou à raison, mais beaucoup plus à raison qu'à tort, pour être l'amant de la comtesse.

« N'était-il pas venu demeurer avec les Roscanvel dans la villa que ceux-ci avaient louée sur la côte méditerranéenne, à cinq cents mètres environ de l'endroit où l'on avait découvert le cadavre de la victime ?

« Autre présomption : un mois auparavant, le comte Robert avait fait un testament par lequel il léguait toute sa fortune à sa femme.

« Cela constituait des charges troublantes, à coup sûr, mais insuffisantes pour justifier une arrestation.

« Ce fut alors que se produisit le coup de théâtre dont vous avez certainement lu le compte rendu dans les journaux, c'est-à-dire la découverte, par Vénarède, parmi les herbes du talus de la voie ferrée, à cent

mètres de l'endroit du crime, d'un revolver qui avait appartenu à la victime et sur lequel le service anthropométrique découvrit les empreintes digitales de Julien Guéret.

« Le soir même, le jeune romancier était arrêté. On crut que la comtesse Marie-Thérèse le serait également... Mais le juge d'instruction n'ayant relevé contre elle aucune trace de collusion avec l'assassin de son mari, elle fut laissée en liberté.

« Depuis ce temps, Mme de Roscanvel, tout en affectant de pleurer le disparu, n'a pas cessé de tout mettre en œuvre pour faire remettre en liberté l'assassin de son mari qui, contrairement à toute évidence, n'a pas cessé un instant de jurer qu'il était innocent.

« Jusqu'ici, elle n'a pas réussi à convaincre et à désarmer la justice !... Voilà pourquoi elle a jeté son dévolu sur vous, comptant sur les ressources de votre esprit si fertile et sur votre habileté professionnelle pour donner le change à ceux qui ont pour mission de défendre la société contre les malfaiteurs, et obtenir aussi la libération de celui qu'elle s'empressera ensuite d'épouser.

« Monsieur Chantecoq, vous ne vous ferez pas le complice d'une pareille infamie. Vous ne vous laisserez pas séduire par les appels de cette dangereuse et néfaste sirène.

« Vous laisserez la justice suivre son cours et châtier, ainsi qu'il le mérite, l'abominable meurtrier du malheureux comte de Roscanvel.

« Confiant dans votre honneur, dans votre probité et dans votre bonne foi je vous prie d'agréer, monsieur Chantecoq, l'hommage de mon admiration profonde et de ma considération la plus distinguée.

« UN AMI DE LA VICTIME. »

— Eh bien, mes enfants, que dites-vous de cette missive ? demandait Chantecoq, sa lecture terminée.

— Mon avis, émettait Jacques Bellegarde, est qu'elle est un peu naïve et assez redondante, mais que, bien qu'anonyme, elle a été inspirée par un très bon sentiment.

— Et toi, Colette?

— Moi, père, je suis tout à fait d'accord avec Jacques. J'ai, d'ailleurs, suivi avec beaucoup d'attention cette affaire. Pour moi, la culpabilité de Guéret ne fait pas l'ombre d'un doute.

— Et vous, Météor?

Le secrétaire du détective se gonfla les joues, ainsi qu'il le faisait chaque fois qu'il avait une phrase importante à proférer. Puis il déclarait:

— Cette lettre est évidemment troublante.

— Alors, mes petits, reprenait le roi des détectives, si vous étiez à ma place, vous ne recevriez pas la comtesse?

Tous trois eurent un signe affirmatif.

Avec un fin sourire, Chantecoq continuait:

— Permettez-moi de vous dire que vous auriez le plus grand tort.

— Pourquoi? questionnait Bellegarde.

— Mais tout simplement parce que Julien Guéret est innocent.

Colette, Bellegarde et Météor lui-même, ne purent réprimer une exclamation de surprise.

Avec cette merveilleuse maîtrise de lui-même, que, même au cours des situations les plus périlleuses, il gardait toujours intacts, le grand limier poursuivait:

— Moi aussi, j'ai suivi cette affaire avec un très vif intérêt... J'avais le pressentiment que tôt ou tard j'y serais mêlé. Et ainsi que d'habitude, cette sorte de prescience des événements que la nature m'a accordée ne m'a pas trompé.

« Eh bien, laissez-moi vous dire que j'ai eu tout de suite l'impression que Vénarède, qui est pourtant un garçon de valeur, s'engageait sur une mauvaise route.

« Cette histoire de revolver a achevé de renforcer en moi cette opinion.

« Voyons! réfléchissez un peu. Si vraiment, ainsi qu'on serait en droit de le sup-

poser et que le prétend Vénarède, ce Julien Guéret s'était servi du revolver de Roscanvel pour assassiner ce malheureux, croyez-vous que, si peu entraîné fût-il dans ce genre de besogne, il aurait été le jeter dans un fourré qui ne pouvait, selon toute vraisemblance et même toute logique, échapper aux investigations de la police.

— Vous en concluez donc, intervenait Bellegarde, qu'il a été placé là par quelqu'un?

— Vous pouvez dire, précisait Chantecoq, par celui qui m'a écrit cette lettre, c'est-à-dire par le véritable assassin du comte.

Colette et son mari s'écriaient en même temps:

— Ce serait formidable!

Quant à Météor, sans même prendre le temps de donner à ses joues en baudruche l'aspect de deux ballons rebondis, il scandait:

— Formidable, en effet!... For...mi...da... ble!...

— C'est très simple, au contraire, rectifiait Chantecoq.

« D'abord, pourquoi l'auteur de cette lettre, au lieu de confier au papier le soin de me mettre en garde contre les appels de cette soi-disant sirène, n'est-il pas venu me trouver lui-même?

« Il prétend me bien connaître...

« C'est exact... puisqu'il a cru devoir m'adresser un résumé de mon existence. Il doit donc savoir que je n'ai jamais trahi la confiance de personne et que ce n'est pas en vain que l'on m'a souvent appelé le « tombeau des secrets ».

« S'il était sincère, ainsi qu'il l'affirme, s'il n'était animé que d'honnêtes intentions, s'il tenait uniquement à ce que le meurtre de M. de Roscanvel fût vengé, pourquoi se cacherait-il ainsi?

« Il ne se doute pas, l'imbécile, qu'il vient de commettre une imprudence qui, dans un temps plus ou moins rapproché, pourrait lui coûter fort cher.

Et s'animant peu à peu, le roi des détectives martela :

— Allons, l'ère des grandes chasses va recommencer pour moi... Je sens déjà le gibier. Dès demain, j'en suis sûr, je serai sur sa trace. Météor, mon garçon, prépare-toi, nous allons avoir du travail, mais je crois que nous allons bien rire.

Le timbre du vestibule retentissait de nouveau.

— Cette fois, c'est elle ! murmura le détective.

Et consultant un cartel suspendu au mur, en face de lui, Chantecoq observa :

— Deux heures précises... Elle est d'une exactitude royale.

La porte s'ouvrait, et Gautrais annonçait d'un air mystérieux :

— La dame est là.

— Fais-la entrer dans le studio.

Gautrais s'exécuta.

Chantecoq, tranquillement, tira les dernières bouffées de sa cigarette, puis se levant, il dit :

— Et maintenant, allons écouter le chant de la sirène.

Après avoir adressé de la main un signe affectueux à sa fille et à son gendre, il regagna son cabinet de travail.

Quant à Météor, il avait déjà disparu telle une ombre.

II

LA SIRÈNE

Au milieu d'une vaste pièce meublée avec goût, ornée de jolis bibelots, et au fond de laquelle se dressait une grande bibliothèque garnie de livres aux riches reliures, une jeune femme en grand deuil se tenait debout, son long voile noir rabattu sur les yeux.

Immobile, figée dans une attitude de tristesse infinie, on eût dit la statue de la Douleur.

L'entrée de Chantecoq la fit à peine tressaillir.

Le détective s'avançant vers elle, lui adressa un salut plein de déférence.

— Madame la comtesse de Roscanvel ? fit-il avec le ton et avec les manières d'un parfait gentleman.

— Monsieur Chantecoq ? articula la comtesse d'une voix harmonieuse.

— Lui-même.

Tout en désignant à la visiteuse un fauteuil placé à la droite d'une fort belle table Louis XVI qui lui servait de bureau, le détective invitait :

— Veuillez vous asseoir, madame.

Tandis que Mme de Roscanvel prenait place sur le siège, le grand limier s'installait devant sa table ; et, tout en cherchant à découvrir de son regard profond le visage de son interlocutrice, à travers l'épaisseur du crêpe, avec une expression de respectueuse douceur :

— Madame, il est inutile de me révéler le but de votre démarche, je le connais.

— Est-ce possible ? fit Marie-Thérèse avec un léger sursaut.

Avec une sereine fermeté, Chantecoq déclarait :

— Vous désirez que je vous aide à sauver M. Guéret ?

La voix de la comtesse s'éleva anxieuse, frémissante :

— Monsieur, qui a pu vous dire ?

Elle n'acheva pas, car le détective lançait :

— Que vous importe, madame, puisque je suis décidé à vous donner satisfaction.

— Avant de m'avoir entendue ?

— Oui, madame.

— Pourquoi ?

— Parce que j'ai la conviction que M. Guéret est innocent.

Un cri de joie jaillit des lèvres de la comtesse.

— Monsieur Chantecoq !

Et d'un brusque mouvement, rejetant son

voile en arrière, elle laissa apparaître aux yeux de Chantecoq le plus adorable visage qu'il fût possible d'imaginer.

Avec un front nimbé d'une auréole bouclée de cheveux d'un or roux, ses yeux bleus comme les eaux d'un lac italien et surmontés par l'arc merveilleusement dessiné de deux sourcils légers comme un trait de pinceau, un nez légèrement aquilin tel celui de Minerve que nous révèlent les médailles antiques, sa bouche aux lèvres de corail qui semblait n'avoir été créée que pour le sourire, son menton du plus pur ovale, et toute l'élégance naturelle de sa personne, elle donnait une impression que l'on aurait pu qualifier, sans la moindre exagération, de « raphaélique ».

Impassible, Chantecoq se disait :

— Je comprends que cette femme ait inspiré de violentes passions et même un grand amour... car j'en ai rarement rencontré une qui réalise aussi parfaitement en une seule personne le type de la beauté, du charme et de la grâce. Si, dans ses vêtements de deuil, elle produit un tel effet, qu'est-ce que cela doit être lorsqu'elle est revêtue de couleurs claires ou qu'elle reçoit, dans une suggestive toilette de soirée, l'éclat de mille lumières ?

Mᵐᵉ de Roscanvel, qui s'était ressaisie, reprenait :

— Monsieur Chantecoq, auriez-vous déjà la preuve que M. Guéret est innocent ?

— Pas encore, madame, déclarait le roi des détectives, avec la franchise qui le caractérisait, mais j'ai la foi, et cela me suffit.

— Je vois que cette tragique affaire vous intéresse.

— Énormément.

— Sans doute l'avez-vous étudiée à fond ?

— Mon Dieu non, madame, et je n'en sais rien de plus que ce qu'en ont raconté les journaux.

— Alors, qui a déterminé en vous la conviction que Julien Guéret n'était pas coupable ?

— Mon flair... répliquait le grand limier, sans hésiter.

Et, désireux de ne pas démasquer tout de suite ses batteries, il ajouta aussitôt :

— Et puis quelques éléments impondérables qui pourraient paraître insignifiants au commun des mortels, mais sont suffisants pour éveiller et retenir l'attention des gens du métier.

La comtesse affirmait avec émotion :

— Vous ne pouvez vous figurer, monsieur, combien je vous suis reconnaissante de l'accueil réconfortant que vous avez bien voulu me réserver. Maintenant, me voilà délivrée d'une terrible angoisse, puisque je puis compter désormais sur le plus puissant des concours, celui du plus célèbre de nos détectives, d'un homme pour lequel il n'existe pas de mystères insondables, d'énigmes indéchiffrables, et grâce auquel, à défaut d'un bonheur à jamais détruit, je vais, j'en suis sûre, retrouver bientôt la paix de l'âme !

Sans quitter un seul instant des yeux son interlocutrice, Chantecoq ripostait :

— Madame, l'estime que vous me témoignez me flatte infiniment, et j'espère m'en montrer digne.

« Cependant, elle m'impose un impérieux devoir : celui de vous prévenir que nous allons nous trouver en face de difficultés considérables et d'obstacles dangereux à franchir.

— J'ai la certitude, monsieur, que vous réussirez.

— Moi aussi, mais à une condition.

— Laquelle ?

— C'est que vous me juriez que vous allez répondre et que vous répondrez toujours avec une sincérité complète aux questions, même les plus délicates, que je serai contraint de vous poser.

— Je m'y engage absolument ! ponctuait Marie-Thérèse, avec une telle spontanéité, que Chantecoq, maître psychologue avant tout, se sentit, à sa vive satisfaction, entièrement rassuré sur le compte de celle que son mystérieux correspondant lui avait dépeinte comme une redoutable sirène.

Aussi, sans perdre une seconde, il continua :

— Me permettez-vous de commencer tout de suite ?

— J'allais vous en prier... acceptait Marie-Thérèse... Auparavant, je désirerais m'entendre avec vous au sujet de vos honoraires... et sur le chiffre de la provision que je dois vous verser.

— Madame, sourit Chantecoq, j'ai pour principe de ne jamais prendre un centime d'avance aux personnes qui, ainsi que vous, me témoignent une si précieuse confiance.

« Pourquoi, à mon tour, n'aurais-je pas confiance en elles ?

« Cependant, pour en finir une bonne fois pour toutes avec ce chapitre, voici mes conditions : si j'échoue, vous ne me devrez rien... Si je réussis, vous fixerez vous-même la somme dont vous jugerez m'être redevable.

— Monsieur Chantecoq, je ne puis accepter.

Le roi des détectives interrompait :

— Voulez-vous, madame, que nous nous mettions tout de suite au travail... car chaque minute que nous perdons nous éloigne du but que nous poursuivons en commun : la libération d'un innocent.

— Vous avez raison, monsieur ; interrogez-moi, je vous répondrai.

— Encore une fois, je vous préviens que je vais être indiscret, brutal peut-être.

— Parlez, je vous dirai tout.

— Comme à un confesseur ?

— Comme à un confesseur.

— Je vois, madame, que nous allons très bien nous entendre.

— J'en étais convaincue d'avance.

Chantecoq prit un temps... Puis, tout en enveloppant Mme de Roscanvel de son regard pénétrant, qu'elle soutint avec un calme dénué de toute forfanterie, il fit lentement :

— Première et capitale question : étiez-vous, oui ou non, la maîtresse de Julien Guéret ?

— Non, monsieur ! répondait la comtesse avec énergie. J'aimais mon mari autant qu'il m'aimait lui-même... et quand bien même mon cœur n'eût-il pas répondu au sentiment que j'avais inspiré au sien, je lui étais liée par une reconnaissance trop infinie pour avoir jamais eu même l'intention de le trahir.

— Bien ! ponctuait le détective, qui se préparait à formuler une seconde question.

Mais Mme de Roscanvel continuait :

— Je suis d'une origine très modeste.

— Je le sais... ponctuait le limier.

Et tout en souriant le plus aimablement et le plus finement du monde à sa belle cliente, il précisa :

— Je n'ignore rien de votre passé, ni des circonstances qui ont précédé et accompagné votre union avec le jeune comte de Roscanvel.

Marie-Thérèse reprenait :

— Je ne puis que me féliciter, monsieur, de constater que vous soyez si bien documenté à mon sujet... Cela m'évite un long et pénible récit.

« Cependant, laissez-moi vous dire que, si j'ai épousé le comte Robert, c'est non point, ainsi que sa famille l'a prétendu, et le prétend encore, parce qu'il était riche, mais avant tout, et je dirai même uniquement parce que je l'aimais.

— Donc, concluait Chantecoq, mariage d'amour ?

— Mariage d'amour ! accentuait la jeune femme.

— Et depuis ?... interrogeait le détective...

— Nous n'avons pas cessé d'être un ménage excellent et je crois être en droit de vous affirmer, sans aucune présomption, que mon mari a été aussi fidèle envers moi que je l'ai été envers lui. Il m'adorait.

— Était-il jaloux ?

— Pas du tout ! Je l'ai même entendu répéter souvent qu'il ne comprenait pas la jalousie... Elle est, disait-il, une torture pour ceux qui la ressentent et une injure pour ceux qui en sont l'objet.

— Par conséquent, observait le limier, jamais la présence de Julien Guéret dans votre intimité ne l'a offusqué ?

— Jamais !

— Était-il au courant des commentaires qu'elle suscitait autour de lui ?

— Oui. Mais il les dédaignait. Il se contentait de déclarer : « Les chiens aboient, la caravane passe. »

— Comment avez-vous connu Julien Guéret ?

— Au cours d'un voyage en Norvège, où ce jeune écrivain s'était rendu pour se documenter au sujet d'un roman qu'il préparait et dont l'action se déroulait dans ce pays.

« C'était un très brillant causeur... Il s'attira rapidement l'amitié de mon mari et la mienne. Il la méritait, car je dois vous dire que c'est un des esprits les plus élevés et des cœurs les plus généreux, les plus sensibles qu'il m'ait été donné de rencontrer.

Chantecoq prit un nouveau temps, comme s'il se recueillait ; puis il fit :

— Si Julien Guéret ne vous a jamais inspiré qu'une très pure affection, pouvez-vous affirmer que lui ne vous a pas aimée d'amour ?

— Julien Guéret, scandait Marie-Thérèse, m'a aimée et m'aime encore de toutes les forces de son être.

— Vous en a-t-il fait l'aveu ?

— Jamais ! Mais j'ai tout deviné... Alors, j'ai cru devoir en avertir mon mari.

— Que vous a répondu le comte Robert ?

— Il m'a attirée doucement dans ses bras et m'a déclaré :

« — Je le savais !... Ce matin, loyalement, Julien m'a dit la vérité ! Je ne voulais pas t'en parler, car je croyais que tu ne t'étais aperçue de rien et je ne voulais pas te troubler. Mais, puisque tu es au courant, je tiens à t'apprendre que notre ami, avec un courage magnifique, a décidé de nous quitter demain soir pour longtemps et peut-être même pour toujours. »

Alors, tandis que deux grosses larmes jaillissaient de ses yeux, Mᵐᵉ de Roscanvel s'écria :

— Le lendemain soir, Robert était assassiné.

Chantecoq reprenait :

— Pardonnez-moi, madame, de réveiller en vous de si cruels souvenirs... mais, hélas ! je n'ai pas terminé mon interrogatoire... et il est indispensable que je sois renseigné exactement sur tous les détails, sur toutes les circonstances du drame qui s'est passé là-bas.

— Cette nuit affreuse, martelait Marie-Thérèse, qui, visiblement, faisait tous ses efforts pour demeurer courageuse... cette nuit atroce, abominable, je l'ai déjà vécue tant de fois, que je peux bien l'évoquer encore.

Et elle continua :

— Robert, M. Guéret et moi étions installés depuis une quinzaine de jours environ dans notre propriété « les Mimosas », qui est située sur le littoral, aux environs de Cassis, à trente kilomètres de Marseille, lorsque, vers trois heures de l'après-midi, notre ami, qui parvenait mal à dissimuler la tristesse que lui causait son prochain départ, nous invita à prendre le thé dans un petit établissement champêtre situé à deux kilomètres environ dans la campagne.

« Comme il faisait beau, nous résolûmes de nous y rendre à pied. Ce fut en chemin que Julien Guéret nous dit qu'il était rappelé à Paris par son éditeur, pour une affaire urgente. Il ajouta qu'il reviendrait bientôt, et, pour me donner le change, durant tout le trajet et pendant tout le temps que nous passâmes assis en face d'un fort beau panorama à contempler le soir tombant sur la mer, sur les alentours et les enveloppant de ses ombres, il affecta une gaîté qui, à moi qui savais tout, m'inspira une compassion infinie, que je lus également dans les yeux de mon cher Robert.

« Lorsque nous reprîmes la route des « Mimosas », la nuit était complète.

— Quelle heure était-il ? demanda Chantecoq.

— Dix-sept heures environ.

— Je vous remercie.

La comtesse reprenait :

— Robert nous proposa de prendre un chemin de traverse, qui raccourcissait de moitié notre trajet. Je m'y refusai, car il fallait traverser la voie du chemin de fer, et je ne me souciais guère de risquer un accident et même une contravention.

« Mon mari me plaisanta gentiment, ainsi qu'il le faisait toujours, et il me dit :

« — Rentrez, Julien et toi, par où vous voudrez... moi, je file par là. Je parie que lorsque vous arriverez aux « Mimosas », j'aurai eu le temps de vous préparer de splendides cocktails.

« Je voulus le retenir. Je n'en eus pas le temps... En quelques secondes il avait disparu dans les ténèbres.

— Tiens ! tiens ! fit Chantecoq, dont le masque, demeuré jusqu'alors impénétrable, s'anima d'un furtif tressaillement.

M\u1d50\u1d52 de Roscanvel, à laquelle ce jeu de physionomie n'avait pas échappé, s'écriait :

— Vous êtes surpris, n'est-ce pas, que mon mari, bien qu'au courant de l'amour que Julien Guéret avait pour moi, m'ait laissée seule avec lui ?

— En effet, déclarait Chantecoq, je ne puis m'empêcher de trouver étrange, si grande et si légitime fût sa confiance envers vous, que M. de Roscanvel vous ait placés, M. Guéret et vous, dans une situation qui ne pouvait être, pour l'un, que profondément pénible, et, pour l'autre, extrêmement délicate.

Sans la moindre hésitation, Marie-Thérèse répliquait :

— Pour s'expliquer un acte qui, au premier abord, semble justement d'une incon-séquence regrettable, il faudrait avoir bien connu Robert.

« C'était un impulsif, dans toute l'acception du mot. Son principal défaut, je devrais dire le seul, était une absence presque totale de toute arrière-pensée...

« La vie l'avait tellement gâté !... Le seul chagrin qu'il eût éprouvé était celui que lui avaient causé l'hostilité de ses parents à notre mariage et la brouille qui s'en était suivie entre eux et lui.

« Encore cette peine avait-elle été de brève durée...

« Au bout d'une année, le marquis et la marquise de Roscanvel avaient consenti à lui pardonner et même à me recevoir...

« Bref, mon pauvre Robert, incapable de tromper personne, ayant une instinctive horreur de tout calcul intéressé, ne songeait qu'à être heureux en me rendant heureuse, et, comme grisé par cette joie de vivre qui l'emportait, ne pensait peut-être plus, au moment où il me laissa seule avec Guéret, à l'aveu chevaleresque que celui-ci avait fait le matin même...

« A moins que, ce qui, de sa part, n'aurait rien d'étonnant, dans un des élans de bonté dont il était coutumier, il n'eût voulu laisser à celui qui se sacrifiait si noblement, la consolation mélancolique de m'adresser ses adieux sans témoins.

« Robert n'était-il pas sûr de son ami, sûr de moi !...

« D'ailleurs, peu importe le mobile auquel il ait obéi... Je suis ici pour vous narrer des faits, et non pour m'égarer dans des considérations sentimentales qui ne sauraient avoir pour vous aucune espèce d'intérêt.

— Détrompez-vous, madame, assurait le détective avec insistance... Tous ces détails sont, au contraire, fort importants.

Et, d'un air un peu énigmatique, il appuya :

— Plus importants même que vous ne pouvez vous l'imaginer.

« Mais continuez donc votre récit, je vous en prie.

La comtesse reprenait aussitôt :

— Nous rentrâmes, Julien Guéret et moi... Puisque vous tenez à ce que je vous raconte tout...

— C'est indispensable.

— Je vous dirai donc que, durant la grande demi-heure que nous mîmes à regagner la villa, ce malheureux qui, en un souci d'honneur incomparable, était à la veille de se condamner à un exil moral dont vous devinez l'amertume, n'eut pas un mot, pas un regard qui fussent de nature à me révéler le drame qui se jouait en lui.

« Il marchait d'un pas allègre, il parlait, il plaisantait même...

« Ce fut seulement lorsque nous pénétrâmes dans le jardin, que, par un simple geste rapide, spontané, et qu'il n'avait pas eu le temps de réprimer, qu'il souleva un des coins du voile mystérieux sous lequel il croyait si bien m'avoir caché son amour.

« Tendant la main vers un mimosa en fleurs, il en coupa une petite branche, puis, l'approchant de mon visage, il me dit :

« — Respirez-la un peu, un tout petit peu... et puis, embrassez-la.

« Je fis ce qu'il me demandait... Alors, brusquement, il éloigna de moi la branche embaumée, et tout en la serrant précipitamment dans l'une des poches intérieures de son veston, il courut vers la maison, vite, très vite, comme un malfaiteur qui aurait commis une mauvaise action.

« Je me rapprochai et je l'entendis, dans le *living-room*, appeler d'une voix claironnante :

« — Robert, mon vieux... et ces martini ?... »

« Je pénétrai dans la pièce... mon mari ne s'y trouvant pas, je m'avançai vers un petit bar de fantaisie qui communiquait directement avec elle... Toujours personne !

« Je remarquai même que les gobelets, dans lesquels Robert avait l'habitude de manipuler ses cocktails, étaient toujours à leur place.

« Je revins dans le *living-room*... Inquiète, je sonnai... Ce fut Marco, le maître d'hôtel, qui se présenta... Un misérable !... soit dit entre parenthèses...

— Pourquoi ?... interrogeait Chantecoq, qui, à ce mot de misérable, que Mme de Roscanvel venait de proférer avec une indignation marquée, avait vivement dressé l'oreille.

— C'est lui qui, avec Suzanne, ma première femme de chambre, a eu l'infamie d'affirmer au juge d'instruction qu'ils nous avaient surpris tous les deux, Julien Guéret et moi, en train de nous embrasser sur la bouche, le lendemain de l'assassinat de mon mari.

— Ah ! ah ! ponctua le roi des détectives, voici un fait qui n'est pas à dédaigner... Nous aurons certainement l'occasion d'en reparler par la suite.

« En attendant, madame, je vous écoute.

La comtesse Marie-Thérèse continuait :

— Je demandai à Marco si le comte était rentré... il me répondit que non, et de son air servile, et sur un ton obséquieux, il me pria de lui dire si le dîner était toujours pour huit heures... Je lui fis un signe affirmatif et je le congédiai aussitôt...

« Jamais il ne m'avait été très sympathique, mais ce soir-là, je ne saurais trop vous dire pourquoi, — peut-être pressentais-je que j'allais avoir en lui un ignoble accusateur, un lâche ennemi, — il me portait terriblement sur les nerfs... et puis je commençais à me tourmenter... Alors, je fis tout haut :

« — Je suis stupéfaite que Robert ne nous ait pas devancés... Pourvu qu'en traversant la voie ferrée, il ne lui soit pas arrivé un accident !

« Julien Guéret, cherchant à me rassurer, me fit observer que Robert avait très bien pu rencontrer un de nos voisins et s'être attardé à bavarder avec lui.

« Mais les minutes s'écoulaient, et mon mari ne rentrait toujours pas.

« A dix-neuf heures, n'y tenant plus, je partis à sa recherche... Guéret m'accompagnait... Mon instinct me poussa vers la voie du chemin de fer... nous mîmes environ vingt minutes à l'atteindre. Julien paraissait très ému, très angoissé, lui aussi... C'est à peine si, de temps en temps, nous échangions quelques phrases qui se résumaient toutes par ces mots :

« — Où est-il ?... Qu'a-t-il pu faire ?... Qu'est-il devenu ?...

« Tout à coup, je me souvins que le train bleu, qui part dans l'après-midi de Nice, avait dû passer très peu de temps après que mon mari nous avait quittés...

« Je me rappelai même avoir entendu un roulement derrière moi quand je regagnais « les Mimosas », et, en me retournant, avoir aperçu ses feux rouges qui, à une allure vertigineuse, fuyaient dans la nuit...

« Mon cœur se serra affreusement... Maintenant, je n'en doutais plus, Robert avait dû être happé, écrasé par le rapide.

« Je chancelai... Guéret m'offrit son bras... je m'y cramponnai... Nous approchions du ballast... Je crus distinguer, au sommet du remblai, éclairé par de vagues lueurs de lanternes, des ombres qui s'agitaient... en un murmure confus, dominé par des cris indistincts...

« Galvanisée, je m'élançai... Mais, dominant le tumulte, une grosse voix bourrue lançait :

« — C'est un homme qu'on vient de trouver en bouillie sur la ligne.

« Je n'en entendis pas davantage... je m'évanouis...

« Lorsque je revins à moi, j'étais étendue sur mon lit, dans ma chambre... Un médecin du pays était près de moi... C'était un homme âgé et bon, qui venait parfois, en ami, nous rendre visite.

« Mon premier cri fut :

« — Et Robert ?...

« Le docteur Lormier ne me répondit que par un geste qui voulait être rassurant et ne parvint à être que dilatoire.

« Dailleurs, il n'avait pas besoin de parler... La terrible phrase qui, deux heures auparavant, m'avait broyée, vibra de nouveau à mon oreille... Aucun espoir ne m'était permis... et je fis d'une voix brisée :

« — Il est mort, n'est-ce pas ?

« M. Lormier murmura :

« — Du courage !...

« Je perdis de nouveau connaissance... Il paraît que, pendant un mois, je fus entre la vie et la mort...

« Quand je revins à moi, je réclamai des détails... On me dit que mon mari reposait dans le tombeau de sa famille... Puis, peu à peu, avec beaucoup de ménagements, on m'apprit que Robert n'avait pas été victime d'un accident, ainsi que je l'avais cru, mais d'un crime... Et quelle ne fut pas ma stupeur en apprenant que le coupable n'était autre que Julien Guéret, et que celui-ci, depuis plus de quinze jours déjà, était en prison, à Marseille.

« Or, je savais que cela était impossible, puisque, à l'heure même où la police affirmait que mon pauvre Robert avait été tué d'une balle de revolver tirée presque à bout portant, en plein cœur, et traîné sur la voie ferrée, afin de simuler un suicide, Julien Guéret était avec moi et ne m'avait pas quittée d'un pas.

« Convaincue que mon témoignage suffirait pour faire remettre en liberté mon malheureux ami, je partis immédiatement pour Marseille...

« Là, j'appris que Guéret avait choisi pour défenseur un jeune avocat, qui avait déjà obtenu de grands succès en cour d'assises. Il se nomme Me André Barelli, et je tiens à vous déclarer tout de suite que je n'ai eu qu'à me louer de lui... C'est un homme de talent et de cœur.

« Me Barelli ne me cacha pas que ma démarche ne faisait que prévenir une citation dont j'allais être l'objet de la part du juge d'instruction chargé de l'affaire. Et comme je lui exprimais ma conviction en la libération prochaine de Guéret, il me dit :

« — Si pénible cela soit-il pour moi, j'ai le devoir de vous mettre en garde contre une telle illusion... On a relevé contre mon client des charges terribles... La police, notamment, a retrouvé l'arme du crime, un revolver qui avait appartenu à votre mari et sur lequel on a recueilli les empreintes digitales de l'accusé.

« Certains témoignages tendent à démontrer que Guéret avait un puissant intérêt à ce que votre mari disparût... Vous connaissez la mentalité de la plupart des juges d'instruction... Quand ils tiennent un inculpé, ils n'aiment guère à le relâcher... surtout lorsqu'ils croient de bonne foi — et c'est le cas — qu'il est coupable...

« Voilà pourquoi je crains fort que votre déposition ne soit guère utile à la cause de Guéret et ne serve qu'à vous compromettre vous-même.

« — Me compromettre, moi ?... m'écriai-je... Et pourquoi ?

« Me Barelli répliquait d'un air préoccupé :

« — Madame, je n'ai pas le droit de vous le dissimuler... M. le juge d'instruction Ribécourt est persuadé que vous étiez l'amie de Julien Guéret, et, sans vous accuser encore d'être sa complice, il n'est pas éloigné de croire que vous avez été au courant de ses projets et que vous n'avez rien fait pour l'empêcher de les exécuter.

« Affolée, je protestai :

« — Mais c'est une honteuse, une abominable calomnie... Je veux faire toute la lumière, je la ferai.

« Me Barelli reprenait :

« — Madame, permettez-moi de vous conseiller la prudence.

« — Ah çà ! m'écriai-je, vous aussi, vous le croyez donc coupable ?

« — Non, madame, fit l'avocat... Si j'avais pensé que M. Julien Guéret était capable d'un crime aussi abject, je n'eusse pas accepté de le défendre.

« Tuer son ami pour s'emparer ensuite de sa fortune et de sa femme, n'est-ce pas un des crimes les plus abominables que l'on puisse imaginer ?

« Mais lorsque le malheureux s'est ouvert à moi en toute franchise, lorsqu'il m'a révélé, et en quels termes émouvants ! le secret de son cœur et qu'il s'est écrié : « Comment aurais-je pu espérer qu'elle serait un jour à moi, puisque j'étais sûr qu'elle serait toujours à lui !... », j'ai compris que cet homme ne pouvait pas être un assassin et qu'une machination véritablement infernale avait été ourdie contre lui et contre vous, madame, dans le but de *masquer le crime d'un autre.*

« Ces paroles, monsieur Chantecoq, mirent un peu d'apaisement dans mon désarroi... je sentais que j'avais près de moi une conviction qui pouvait être mieux qu'un réconfort, une espérance.

« Au moins, je n'étais plus seule pour affronter une bataille dont la tête d'un innocent et mon honneur de femme étaient l'enjeu, et, décidée à me montrer à la fois très énergique et très prudente, ainsi que m'y avait incitée Me Barelli, je me rendis auprès du juge d'instruction.

« Monsieur Chantecoq, dans votre longue carrière de détective, vous avez dû certainement rencontrer, à côté de ces magistrats à la haute et sereine conscience, qui sont l'honneur de leur corporation, de ces inquisiteurs, intègres, à coup sûr, persuadés qu'en se montrant implacables ils accomplissent une mission sacrée entre toutes et qui, inconsciemment, se font des pouvoirs illimités que leur confère la loi, une conception aussi étroite que rigoureuse.

« M. Ribécourt est de ceux-là... Rien qu'à le voir, assis dans son fauteuil, vous fixant à travers ses lunettes posées sur un nez en bec d'aigle, m'accueillant avec le sourire pincé de ses lèvres minces, incolores, que surmontent une maigre moustache grise aux pointes tombantes, je sentis que j'avais devant moi non pas un adversaire, mais l'ennemi.

« Avec une politesse glacée, qui accentuait encore sa visible hostilité à mon égard, il me remercia d'avoir devancé sa convocation, et me demanda de lui dire ce que je savais.

« Je lui déclarai, ainsi que je l'avais dit à M⁰ Barelli, que Julien Guéret ne pouvait pas avoir assassiné mon mari puisque, à l'heure du crime, il se trouvait avec moi.

« M. Ribécourt me laissa parler sans m'interrompre. Lorsque j'eus terminé, il fit de sa petite voix sèche, pointue, qui m'entrait dans les oreilles comme une vrille :

« — C'est exactement ce que m'a dit l'accusé.

« Je répliquai :

« — Et c'est la vérité.

« — Non, madame... scanda le magistrat... Dites plutôt que vous voulez sauver votre amant.

« — M. Guéret, protestai-je, n'a jamais été mon amant.

« — J'ai dans mon dossier la preuve du contraire, affirmait le juge d'instruction.

« — Je serais curieuse de la connaître.

« — Ceci est mon affaire, madame, et non la vôtre.

« — Je constate, monsieur le juge, fis-je, indignée, que vous me refusez le droit de confondre mes calomniateurs.

« Le magistrat reprenait :

« — L'ardeur avec laquelle vous défendez Julien Guéret ne peut que renforcer mon opinion basée sur les déclarations aussi spontanées que désintéressées d'honnêtes témoins qui, mieux que tous autres, étaient à même de connaître votre vie intime.

« — Des domestiques ! m'écriai-je avec dégoût.

« — Vous avouez donc ! insinuait mon tortionnaire.

« — Je m'étonne, ripostai-je qu'un magistrat qui assume de si graves responsabilités ait pu écouter aussi complaisamment un maître d'hôtel et une femme de chambre que j'ai dû chasser parce que je les avais surpris tous deux en train d'écouter aux portes.

« M. Ribécourt eut un léger haussement d'épaules. Puis il me demanda :

« — Est-ce tout ce que vous avez à me dire, madame ?

« — Oui, monsieur le juge, répondis-je. Votre siège est fait, et je sens que vous n'accorderez aucun crédit à mes paroles.

« — Vous avez tort de prendre une attitude aussi arrogante, me lança le magistrat sur un ton menaçant.

« Et il ajouta, tout en tortillant du bout des doigts l'un des bouts de sa moustache :

« — N'oubliez pas que je pourrais vous garder à ma disposition.

« Je fus sur le point de m'écrier : « Eh bien, arrêtez-moi ! », mais je me rappelai la recommandation que m'avait faite M⁰ Barelli, et d'un ton plus modéré, je répliquai :

« — Monsieur le juge, j'ai ma conscience pour moi, faites ce que la vôtre vous dictera.

« Cette réponse parut produire sur le magistrat une impression assez favorable. D'un ton moins agressif, il me dit :

« — Vous pouvez vous retirer, madame. J'aurai certainement besoin de vous interroger encore. Aussi, dans votre intérêt aussi bien que dans celui de la justice, je vous engage vivement à ne pas vous éloigner de Marseille.

« C'était d'ailleurs mon intention. Convaincue, certaine que Julien Guéret était innocent, je ne voulais pas l'abandonner et je tenais essentiellement à ce qu'il sût qu'il pouvait compter sur tout mon appui.

« A partir de ce moment monsieur Chantecoq, mon existence devint un supplice intolérable. Je m'aperçus bientôt que j'étais suivie, épiée par des agents de police en civil, qui, dès ma sortie du cabinet du juge d'instruction, s'étaient attachés à mes pas.

« Je retournai chez M° Barelli. Il fit :

« — Que vous disais-je ?...

« Et il ajouta :

« — Je crois que le mieux est d'attendre le grand jour de la cour d'assises pour tenter de sauver Guéret.

« Dès le lendemain, j'étais convoquée par M. Ribécourt. Pendant trois heures, il me posa les questions les plus insidieuses, les plus inattendues, cherchant à m'embarrasser, à me faire tomber dans des pièges que, fort habilement, il me tendait et à m'amener à me contredire.

« Il n'y parvint pas.

« Sur mes instances réitérées, il finit par reconnaître que c'étaient bien le maître d'hôtel Marco et la femme de chambre Suzanne qui lui avaient affirmé que j'étais la maîtresse de Guéret. Il me lut leurs témoignages, remplis de détails aussi scabreux que mensongers... et il me mit sous les yeux un brouillon de lettre dont Suzanne prétendait avoir retrouvé les fragments dans une corbeille à papiers, et où, dans des termes qui ne pouvaient laisser subsister aucun doute sur l'intimité de nos relations, je demandais à Julien Guéret, resté à Paris, de venir me rejoindre le plus tôt possible aux « Mimosas ».

« Or, monsieur Chantecoq, je n'ai jamais écrit cette lettre. C'est un faux très adroitement réalisé, j'en conviens. Je l'ai affirmé au juge d'instruction.

— Et qu'a-t-il répondu ? interrogeait Chantecoq.

— Qu'il allait soumettre ma lettre à un examen.

— En connaît-on le résultat ?

— Oui... Contrairement à mon attente, les experts ont conclu à l'authenticité du document.

Le détective soulignait :

— Ce qui prouve qu'à Marseille aussi bien qu'à Paris et que partout ailleurs, les techniciens de cette catégorie sont sujets à l'erreur.

« Il n'y a qu'à demander une contre-expertise.

— C'est ce que M° Barelli m'a conseillé. Mais les événements se sont précipités d'une façon si rapide et si terrible, que, maintenant, tout devient inutile.

— Voyons cela ? ponctuait le grand limier.

— Hier, convoquée de nouveau par M. Ribécourt, j'arrivai à son cabinet à onze heures précises. Il me reçut aussitôt. Quelle ne fut pas mon émotion, en apercevant, debout devant lui, menottes aux mains, Julien Guéret, qui, à ma vue, ne put réprimer un cri de détresse.

« J'allais lui tendre la main... Mais M. Ribécourt m'arrêta d'un ton péremptoire.

« — Ce n'est ni le lieu, ni le moment, fit-il, de vous livrer à des effusions aussi déplacées...

« Et il pousuivit de cette voix désagréable, vinaigrée, qui faisait grincer chacun de ses mots comme la charnière d'une très vieille porte :

« — Si je vous ai mis en présence l'un de l'autre, c'est parce que j'estimais cette confrontation nécessaire au bon fonctionnement de la justice.

« Je vous ordonne donc, à tous les deux, de répondre nettement et sans détours aux questions que je vais vous poser.

« Quant à vous, Guéret, je vous conseille, dans votre intérêt, de vous départir de ce système de défense, qui, en niant les faits les plus avérés, n'aura pas précisément pour effet de vous attirer l'indulgence de ceux qui, prochainement, vont être appelés à vous juger.

« Une dernière fois, je vous demande si vous reconnaissez avoir assassiné le comte Robert de Roscanvel ?

« Avec beaucoup de dignité, Julien répliquait :

« — Je ne puis que vous affirmer, et je le ferai jusqu'à mon dernier souffle, que je suis innocent.

« Le magistrat reprenait :

« — Persistez-vous à prétendre qu'à l'heure du crime, vous vous trouviez en tête à tête avec Mme de Roscanvel ?

« — Parfaitement !

« — Que vous n'êtes pas et que vous n'avez amais été son amant ?

« — Je le jure.

« Se tournant vers moi, M. Ribécourt, avec un sourire sardonique, qui me figea le sang dans les veines, grommelait :

« — Et vous, madame ?

« Sans la moindre hésitation, je répondis :

« — Je maintiens toutes mes précédentes déclarations.

« — Bien ! fit le juge.

« Et après avoir lancé un coup d'œil oblique à son greffier, qui, assis à une table voisine, griffonnait des mots, il fit d'un ton tranchant :

« — Dans ces conditions, madame, je suis obligé de vous inculper de complicité de meurtre et de vous mettre en état d'arrestation.

« — Moi ! fis-je, en pâlissant.

« M. Ribécourt martelait :

« — Vos mensonges successifs et obstinés font mieux que de m'en donner le droit... Ils m'y obligent.

« Blême d'indignation et de colère, Julien Guéret s'écriait :

« — Vous commettez, monsieur le juge, pire qu'un abus de pouvoir, une abominable injustice.

« — Silence ! cherchait à imposer le magistrat.

« Mais, emporté par la fureur, malgré les efforts du greffier et du gendarme, qui s'évertuaient à lui imposer silence, Julien clamait, éperdu :

« — Une victime ne vous suffit pas !... Il vous en faut deux !... Et c'est sur un échafaudage de preuves qui n'en sont pas, de commérages, de calomnies, œuvre de domestiques renvoyés, de faux rapports de police ou d'experts dont les conclusions sont erronées d'un bout à l'autre, que vous basez votre conviction !... Voyons, il n'est pas possible que vous commettiez une double erreur aussi lamentable !...

« Vous ne me croyez pas !... Eh bien, gardez-moi, envoyez-moi aux assises, au bagne, à l'échafaud, mais elle en prison !... Ah ! non, tout, tout, mais pas cela !...

« — Calmez-vous, lui dis-je... notre innocence ne peut manquer d'être reconnue.

« — Greffier ! ordonnait M. Ribécourt, implacable, préparez un mandat d'arrêt au nom de la femme Marie-Thérèse Trégarec, comtesse de Roscanvel.

« — Je ne veux pas ! écumait Julien, que son gardien avait peine à maintenir.

« — Gendarme ! intimait le juge, reconduisez l'accusé en prison.

« — Mais c'est une infamie ! une infamie ! hurlait le malheureux, hors de lui.

« Un autre gendarme, accouru à ses cris, pénétrait dans le cabinet et aidait son camarade à entraîner Guéret dans le couloir.

« Au moment où ils allaient franchir le seuil, Julien, se calmant subitement, se retournait vers M. Ribécourt, et, d'un ton glacial, qui me fit courir un frisson par tout le corps, il fit :

« — Eh bien, oui, c'est moi... c'est moi qui ai tué le comte Robert... mais elle... est innocente.... innocente...

« Il s'effondra dans les bras des gendarmes, qui l'entraînèrent dans une pièce attenante au bureau du magistrat.

« Folle d'épouvante, incapable de faire un geste, je regardai M. Ribécourt, qui, avec un sourire de triomphe, lançait à son greffier :

« — C'est tout ce que je voulais lui faire dire.

« Et, s'adressant à moi, il ajouta :

« — Vous êtes libre.

« Au lieu de me diriger vers la porte, que le juge m'indiquait de la main, je m'avançai vers lui, chancelante, à demi morte.

« Alors, éclatant en sanglots, je lui criai :

« — Vous ne voyez donc pas que s'il s'accuse, c'est pour m'éviter la prison, pour sauver mon honneur !

« Un ricanement répondit à ce cri parti du fond de mon âme.

« Alors, je suppliai cet homme... Que lui ai-je dit ? Je n'en sais plus rien... Des choses attendrissantes... Oui... car j'ai surpris dans le regard de son greffier une lueur de pitié... Mais dans le sien, pas !... En lui, il n'y avait plus rien d'humain !

« Brisée, je suis partie, je suis allée tout dire à M° Barelli.

« Consterné, accablé, il n'a pu que me dire :

« — Ce pauvre Guéret s'est sacrifié pour vous... Comment vais-je faire pour le tirer de là ?

« Je lui ai dit :

« — Il le faut !... Je le veux !... Quand je devrais dépenser jusqu'à mon dernier sou pour éclaircir ce mystère effroyable, pour démasquer le véritable assassin de mon mari, je le ferai... C'est mon devoir !... Je ne peux pas laisser condamner un innocent... qui, par amour pour moi, pousse l'héroïsme jusqu'à risquer l'échafaud.

« Maître Barelli, aidez-moi, conseillez-moi...

« Le jeune avocat, de la main, m'imposa silence...

« Le visage contracté, il se mit à arpenter à grands pas son cabinet de travail... Puis, revenant vers moi, il me dit :

« — Il n'y a qu'un homme au monde qui soit capable de déchiffrer cette énigme... C'est le détective privé Chantecoq... Vous allez prendre le premier rapide pour Paris, demander au grand policier un rendez-vous dans le plus bref délai, et *lui raconter toute la vérité*, ainsi que vous me l'avez révélée à moi-même.

« S'il consent à s'occuper de cette affaire, il y a les plus grandes chances pour que le mystère du train bleu soit éclairci et que l'innocence de Julien Guéret soit reconnue.

« Monsieur Chantecoq, j'ai suivi le conseil de M° Barelli... Dès le début de cet entretien, vous avez bien voulu me dire que vous consentiez à me venir en aide...

« Maintenant que vous connaissez dans toute son étendue le drame effrayant au milieu duquel je me débats, puis-je toujours compter sur vous ?

— Plus que jamais, madame, affirmait le détective avec force.

— Oh ! merci de tout cœur. Ma situation est tellement épouvantable... La famille de mon mari m'a reniée... Mon père, lui-même, ne veut plus me voir... Il n'y a plus que ma pauvre vieille maman qui ait pitié de mon désespoir. L'opinion publique est tout entière contre moi... Je me sens méprisée, honnie, traquée de toutes parts...

« Ce matin, en descendant du train, à la gare de Lyon, j'ai reconnu deux agents de la police secrète qui m'avaient déjà filée à Marseille et avaient dû monter dans le même train que moi.

« Je sens très bien que si le juge d'instruction m'a laissée en liberté, ce n'est que provisoirement, et qu'il espère toujours que je commettrai une imprudence qui me trahira et lui permettra, malgré le sublime sacrifice de Guéret, de m'incarcérer à mon tour et de m'envoyer avec lui sur les bancs de la cour d'assises.

« Monsieur Chantecoq, vous allez me défendre, nous défendre, n'est-ce pas ? Oh ! oui, je le lis dans vos yeux si francs, si humains, si lumineux de volonté, d'intelligence et d'énergie. Vous nous sauverez tous les deux... Oui, vous nous sauverez !

— Je vais essayer, madame, déclarait le célèbre limier.

« Au cours de votre récit, j'ai déjà saisi au passage quelques détails qui peuvent devenir entre mes mains de très bons atouts.

« Dès que vous m'aurez quittée, je vais mettre de l'ordre dans tout cela... préparer un plan de campagne, car je ne m'embarque jamais à la légère, et j'espère bien qu'avant quarante-huit heures, je serai entré en action.

— En attendant, que dois-je faire ? interrogeait Mme de Roscanvel.

— Vous avez un domicile à Paris ?

— Oui, monsieur, un hôtel particulier, 57, rue Henri-Heine. Mais outre qu'il me serait extrêmement pénible de l'habiter, car je n'y suis pas rentrée depuis la mort de mon mari, cela me serait impossible, pour la raison bien simple que je n'y trouverai aucun domestique.

— Pas même un gardien de nuit ?

— Pas même.

Le détective se tut pendant quelques secondes...

Puis il fit :

— Le mieux, pour vous, est de descendre dans une pension de famille modeste, mais confortable, et dont, si vous le désirez, je puis vous donner l'adresse.

— Certainement, monsieur.

— Le Calme-Abri, 49, rue Boileau, à Auteuil...

« Je vais téléphoner tout à l'heure à la directrice, qui est une de mes amies... Vous pouvez lui donner un faux nom... Cela est préférable, sous tous les rapports... Venant de ma part, on ne vous réclamera aucun renseignement, aucun papier... Je vous demanderai d'attendre là que je vous donne signe de vie. Rassurez-vous, cela ne tardera pas. J'ai l'habitude d'aller vite en besogne... Et je compatis tellement à vos souffrances, que j'ai hâte de les abréger. Je vous conseille d'avoir, non pas du courage, car je viens de constater que vous en possédiez à revendre, mais de la patience, et surtout de ne pas vous rebuter si, comme je ne vous l'ai pas dissimulé, nous nous trouvons, ce qui est plus que probable, c'est-à-dire certain, en face d'obstacles certainement difficiles à vaincre.

— J'en aurai autant qu'il le faudra... affirmait la comtesse Marie-Thérèse.

Elle se levait et se préparait à prendre congé de Chantecoq... Mais celui-ci la retint.

— D'ici peu, j'aurai de nouveaux renseignements à vous demander.

— Inutile, monsieur Chantecoq, de vous dire qu'en tout temps et en toutes circonstances je demeure à votre entière disposition.

— Une dernière question, pour aujourd'hui, posait le détective.

— Je vous en prie...

— Pourriez-vous me dire si une perquisition a été opérée à votre domicile de la rue Henri-Heine ?

— Je n'en ai pas entendu parler. Si cette formalité avait eu lieu, j'en eusse été certainement avertie.

— Bien, appuyait le grand limier... Ce que le juge d'instruction a négligé, moi je voudrais bien le faire.

— Monsieur Chantecoq, proposait Mme de Roscanvel, si douloureux soit-il pour moi de pénétrer dans cette maison, où j'ai été si heureuse, je suis prête à vous y accompagner.

— Il est préférable, madame, émettait le roi des détectives, que l'on ne vous y voie pas. On pourrait vous accuser ensuite d'en avoir fait disparaître certains documents compromettants ou d'y avoir introduit, au contraire, des papiers ou lettres fabriqués après coup, dans l'intérêt de votre défense.

« Il est plus sage que je fasse cette visite seul, sans témoins, à moins que vous n'y voyiez un inconvénient.

— Pas du tout, monsieur Chantecoq. Avant de vous rencontrer, uniquement sur ce que je savais de vous, j'étais prête à suivre aveuglément toutes vos directives...

« Maintenant que je vous ai parlé et que je vous ai entendu, je tiens à vous affirmer que ma confiance en vous est illimitée.

Et, s'emparant de son petit sac à main, qu'au cours de cet entretien elle avait déposé sur la table du détective, elle en retira un trousseau de clefs, qu'elle tendit à Chantecoq en disant :

— Voici les clefs de la maison, faites-en l'usage qui vous conviendra.

Le limier s'empara du trousseau et le glissa dans la poche de son veston.

— Avant de vous quitter, reprenait la jeune femme, laissez-moi vous remercier encore.

— Attendez que nous ayions triomphé.

— Alors, à bientôt.

— A très bientôt, madame. Une dernière recommandation...

« Ne sortez pas du Calme-Abri tant que je ne vous aurai pas téléphoné... Soyez sans inquiétude, c'est une affaire de vingt-quatre heures, peut-être moins, mais pas davantage.

Il embrassa la main que lui tendait la comtesse, qu'il reconduisit jusque dans le vestibule.

En passant, il jeta un coup d'œil dans la salle à manger. Colette et son mari n'y étaient plus.

Gautrais prévint son patron que M. Bellegarde était parti pour son journal, que Madame était allée faire quelques courses, et que tous deux priaient Monsieur Chantecoq de les excuser.

Le détective regagna son bureau.

Déjà installé devant une petite table, Météor relisait des feuillets recouverts de caractères sténographiques.

C'était toute la conversation qui venait de s'échanger entre le roi des détectives et la comtesse de Roscanvel et que, d'une pièce voisine, grâce à un microphone d'une merveilleuse sensibilité, le secrétaire du grand limier avait pu, intégralement, prendre en dictée.

— Tu n'as rien perdu ? interrogeait Chantecoq.

— Pas une virgule, patron. Je vais vous taper cela à la machine. Seulement, il y en a un gros morceau.

— Pourvu que j'aie le tout pour ce soir avant dîner, cela me suffira amplement.

— Soyez tranquille, patron, je serai prêt.

Tout en appuyant familièrement la main sur l'épaule de Météor, le détective, qui semblait d'excellente humeur, lui demanda :

— Qu'est-ce que tu dis de cela, petit ?

— Patron, je suis de l'avis de l'avocat de Marseille, il n'y a que vous au monde capable de percer à jour le mystère du train bleu...

« Mais ce juge d'instruction, quel vilain sapajou !...

— Qu'est-ce que tu veux, chacun fait son métier selon son caractère. Le sien n'est pas joli, joli. Ce n'est pas trop sa faute. Quand on naît muffle, on risque fort de mourir de même... Mais j'espère bien, d'ici peu, lui donner pas mal de fil à retordre.

— J'y compte, patron, et si je peux vous donner un coup de main...

— Je ne dis pas non !

— Chouette !

— Et la dame ? Qu'est-ce que tu en penses de la dame ?

— La comtesse de Roscanvel ?

— Eh oui, parbleu !...

— Patron, je ne l'ai pas vue... ni même entrevue... mais je l'ai entendue... Quelle voix harmonieuse, enchanteresse... Votre correspondant anonyme a raison... C'est une sirène.

— Non ! rectifiait Chantecoq d'un ton plein de profondeur, non, Météor, ce n'est pas une sirène... c'est une pauvre femme.

III

OÙ LA PERQUISITION DE CHANTECOQ DONNE DES RÉSULTATS PLUTÔT INATTENDUS

Minuit venait de sonner à la très belle pendule Empire qui décorait la cheminée de son studio, et Chantecoq, installé devant sa table, relisait encore avec beaucoup d'attention les feuillets sur lesquels, avec une fidélité exempte de toute défaillance, Météor avait reproduit la conversation qu'il avait eue dans l'après-midi avec la comtesse de Roscanvel.

Par instants, ainsi qu'il en avait l'habitude, il se prenait à murmurer les réflexions que lui inspirait le travail auquel il était en train de se livrer.

Quand il était seul, il aimait à penser tout haut. Il lui semblait que les mots, en frappant ses oreilles, stimulaient sa pensée et aiguisaient encore le double don d'observation et de déduction qui se complétaient en lui de si heureuse manière.

— Tout cela, grommelait-il, est clair comme de l'eau de roche, et ce bon, — c'est une façon de parler, — disons plutôt ce redoutable M. Ribécourt, homme du Nord, qui a certainement reçu un fâcheux coup de soleil dans le Midi, est en train de se fourrer le doigt dans l'œil jusqu'au coude.

« Mais, pour le faire démordre que Julien Guéret n'est pas l'assassin du comte Robert et que Mme de Roscanvel n'est ni sa maîtresse, ni la complice de ce dernier, il faut à tout prix, et dans le plus bref délai, découvrir le vrai coupable, en marge de la police.

« Le premier point à élucider est de rechercher qui avait intérêt à la disparition de M. de Roscanvel.

« Le mobile du crime ne saurait être l'argent, puisque le *de cujus*, ainsi que disent les notaires, avait constitué, il y a un mois, son épouse légitime légataire universelle et que celle-ci doit être mise hors de cause.

« Crime passionnel ? La comtesse prétend que son mari l'adorait et lui était des plus fidèles. Ce qui est fort vraisemblable... Mais... mais... ceci est à vérifier...

« Un homme est toujours un homme, et, sans chercher à faire du tort au sexe auquel j'appartiens, je dois reconnaître qu'il est parfois arrivé à des amoureux très épris de donner, en passant, un coup de canif, à leur contrat.

« L'occasion... l'herbe tendre...

« Certains philosophes et même physiologistes, ne vont-ils pas jusqu'à prétendre que l'homme, qu'il soit Oriental ou Occidental, est né polygame.

« Mais ne nous emballons pas. En admettant que le comte Robert se soit laissé aller, en un moment d'oubli, au cours d'une crise passagère, rapide et toute de fantaisie, à donner ce coup de canif, il n'a pas dû être bien grave et il serait vraiment tout à fait extraordinaire qu'il eût eu pour lui des conséquences aussi effroyables.

« Je crois bien qu'on a pu dire avec raison que, souvent, les petites causes engendrent de grands effets.

« Mais, pour qu'un geste aussi banal, aussi anodin, ait déterminé un drame aussi tragique, et surtout aussi mystérieux, il faut qu'il ait été entouré de circonstances spéciales et d'une gravité exceptionnelle.

« Un amant jaloux ? Un mari trompé ? Hum ! mon vieux Chantecoq, voilà un diagnostic singulièrement aventureux !

« Une vengeance ? D'après ce que m'a déclaré sa femme, M. de Roscanvel était doué d'un caractère fort agréable. Il menait une existence facile, aisée, toute ouatée d'un égoïste bonheur à deux... Il n'était même pas jaloux... Il ne devait donc pas avoir d'ennemis... Passons...

« Vol à main armée... crime crapuleux ?... Je ne vois guère un bandit, si audacieux soit-il, se livrant à une pareille agression contre un homme qui ne pouvait avoir sur lui qu'une somme peu importante et qui devait être de taille à se défendre...

« D'ailleurs, n'est-il pas établi par l'enquête judiciaire, que le revolver appartenait à la victime...

« Alors... suicide ?...

« Pour quel motif ?...

« Roscanvel était riche, aimé par une femme exquise qu'il ne pouvait qu'adorer... Et puis, s'il s'était tiré un coup de revolver en plein cœur, il lui eût été bien difficile et même impossible de jeter ensuite son arme dans un fourré et d'aller s'étendre sous les roues du train bleu.

« Sapristi !... Je ne me trompais pas quand je prévoyais que j'allais me heurter à de sérieux obstacles, puisque, dès le début, je tombe sur le plus redoutable bec de gaz qu'un détective ait à redouter, c'est-à-dire un bec de gaz éteint, celui de l'obscurité.

Il se tut et se replongea dans la lecture des feuillets.

Au bout d'un certain temps, il reprit :

— Pourtant, tout cela s'enchaîne admirablement...

« Il est évident que cette femme est absolument sincère... Le fait de s'être adressé à moi, suffirait à le démontrer surabondamment.

« N'ai-je pas, et c'est mon plus beau titre de gloire, la réputation, solidement établie, d'avoir toujours dédaigneusement repoussé toute affaire malpropre ou simplement douteuse ?

« Si elle n'avait pas été absolument sûre d'elle autant de ce malheureux Guéret, prévenue d'avance, que j'eusse vite fait de percer à jour sa pauvre petite intrigue, elle ne serait certainement pas venue me trouver.

« Dans tout ce qu'elle m'a dit, contrairement à l'avis du juge d'instruction, je ne vois rien qui ne soit pas vraisemblable, très logique, dans ses actes aussi bien que dans ses paroles.

« Au cours de son récit, il n'y a qu'un passage qui m'a fait tiquer, c'est celui où elle raconte que son mari, bien que sachant que Guéret était éperdument épris d'elle, les a laissés sous un prétexte des plus futiles, rentrer seuls à la villa des « Mimosas ».

« Je sais bien qu'elle me donne une et même deux explications d'une attitude qui, de prime abord, apparaît plutôt choquante.

« Caractère impulsif, ou grandeur d'âme.

« L'un et l'autre me paraissent insuffisants. Il doit certainement y avoir un autre motif. Lequel ?

« M. de Roscanvel aurait-il voulu éprouver son ami, ou sa femme ? Les deux, peut-être.

« Tout cela me semble bien compliqué, bien tiré par les cheveux... D'ailleurs, nous avons le temps de nous occuper de ce détail purement moral qui n'est qu'un tout petit point de la grande énigme que nous avons à élucider.

« Mettons-le donc de côté, sans le négliger, sans l'oublier.

« Qui sait s'il n'a pas son importance ?... Mais, comme disait Gambetta, sérions les questions... La première, avons-nous dit, c'est de bien établir le mobile du crime. Cherchons.

Tout en réfléchissant, Chantecoq se mit à ranger ses feuillets dans une chemise qu'il s'en fut serrer dans un lourd coffre-fort scellé à la muraille.

Et tout en se grattant le bout du nez, ce qui était chez lui le signe extérieur d'une grande perplexité intime, il se mit à marcher de long en large dans son vaste studio, les mains derrière le dos, et l'œil obstinément fixé sur l'épaisse moquette qui assourdissait le bruit de ses pas.

Tout à coup, il s'arrêta... Une exclamation joyeuse lui échappa.

— *Euréka !* comme disait le bon vieux savant grec Archimède... J'ai trouvé !

Et le visage illuminé d'une véritable allégresse, tout en continuant sa promenade autour de son bureau, il se mit à monologuer :

— Parbleu ! c'est cela !... C'est évident !... C'est même aveuglant de clarté : *le comte de Roscanvel a été tué uniquement pour faire croire que c'était Julien Guéret qui l'avait assassiné.*

« La lettre anonyme que j'ai reçue cet après-midi ne peut que me confirmer dans cette opinion que je suis bien près de considérer comme l'axiome qui doit servir de base à mon enquête.

Et tout en se frottant les mains, le roi des détectives ajouta :

— Je crois que, maintenant, ça va ronfler. Mais procédons par ordre et méthode et commençons par cette perquisition à l'hôtel de la rue Henri-Heine.

« Mon flair me dit qu'il n'y aurait rien d'étonnant à ce que j'y fisse d'utiles découvertes.

« Ensuite, je m'occuperai de ce maître d'hôtel Marco et de cette femme de chambre Suzanne qui doivent certainement en savoir long sur cette ténébreuse affaire et dont j'ai chargé mon brave petit Météor de rechercher l'adresse.

« Il est minuit et demi... Parfait !... J'ai les clefs ?

Il tâta une poche de son veston, puis il reprit :

— Oui, elles sont là... Alors... en route.

Chantecoq, en pleine forme, gagna le fond de son studio, ouvrit une petite porte, tourna un commutateur et pénétra dans une pièce bien éclairée qui représentait un véritable laboratoire...

Il se dirigea tout droit vers un grand placard dont les battants étaient peints en gris clair... Il les ouvrit en appuyant sur un ressort invisible...

Les deux panneaux, en s'écartant, laissèrent apparaître, suspendus à des porte-manteaux, serrés les uns contre les autres, des vêtements et des uniformes, des défroques de toutes sortes.

Le détective choisit un complet en velours noir à côtes, assez usagé, et un vieux chapeau mou de même nuance...

Il déposa le tout sur une chaise et s'en fut vers une commode dont il tira à lui le premier tiroir qui était rempli de boîtes en carton qui portaient toutes une étiquette.

Il en prit une et en retira une perruque aux cheveux courts et frisottants et une assez forte moustache en brosse.

Puis il s'en fut placer ses postiches sur une table à maquillage telles qu'on en voit dans les loges d'artistes et qui était munie de tous les accessoires nécessaires.

Quittant ses vêtements, il s'entoura d'un large peignoir de bain, et, s'installant devant sa table, son visage bien éclairé par des lampes à réflecteurs placées de chaque côté d'une glace qui lui renvoyait son image, avec une dextérité et une sûreté de touche remarquables, à l'aide de tous les ingrédients placés à portée de sa main, il modifia entièrement l'expression de sa figure et même les lignes de ses traits au point qu'il fût promptement et complètement méconnaissable.

Cela fait, il se coiffa de sa perruque et se colla la moustache sous le nez, et, se débarrassant de son peignoir, endossa le complet en velours à côtes, enfouit dans la poche de son pantalon un revolver et le trousseau de clefs que lui avait remis la comtesse. Et, enfonçant son chapeau noir jusqu'aux oreilles, il revint dans son studio et vérifia son arme... Puis, dans le tiroir de sa table, il prit une lampe électrique et une boîte rectangulaire qu'il fit disparaître dans l'une des vastes poches de son veston, sortit, éteignit l'électricité, s'en fut dans le vestibule, gagna le dehors, traversa le petit jardin qui s'étendait devant sa maison, ouvrit la porte grillée qui donnait sur l'allée de Verzy, la referma et se dirigea vers l'avenue des Ternes et s'arrêta devant une 10 HP, conduite intérieure à la carrosserie très simple, qui stationnait devant le trottoir.

Un chauffeur en tenait le volant. C'était Gautrais, que nous avons vu précédemment remplir auprès du limier les fonctions de valet de chambre.

Chantecoq monta dans la voiture. Le chauffeur avait dû certainement recevoir de son maître des instructions très précises, car il mit l'auto en route sans que celui-ci lui eût lancé la moindre adresse et ne stoppa qu'à l'entrée de l'avenue Mozart où le détective descendit, toujours silencieusement.

Il s'éloigna, tandis que Gautrais, fidèle à la consigne, muet et vigilant à la fois, se préparait à une attente dont il lui eût été impossible de prévoir la durée.

Les mains dans les poches, sans hâte, la démarche chaloupante, Chantecoq gagna la rue Henri Heine qui était tout à fait déserte.

Il s'arrêta devant le numéro 57, c'est-à-dire l'hôtel particulier du comte et de la comtesse de Roscanvel.

La maison était de construction très moderne... Du dehors, il était très malaisé d'en deviner la distribution intérieure tant la façade, irrégulièrement percée de baies, de fenêtres de dimensions diverses et inusitées, contrariées d'avancements en briques ou anguleux, présentait un aspect déconcertant, déroutant entre tous.

Chantecoq se dit :

« Drôle d'écrin pour une perle... et comme il est peu fait pour cet être de lumière et de charme qu'est la comtesse Marie-Thérèse.

« Ah ! snobisme ! snobisme ! que de crimes commet-on en ton nom ! »

Mais notre héros n'avait pas l'habitude, lorsque, suivant son expression, *il était entré en action*, de s'attarder à des considérations artistico-philosophiques.

Il n'était pas là pour critiquer l'architecture de cet immeuble, mais pour pénétrer dans cette bizarre demeure et pour s'y livrer à une perquisition au cours de laquelle il comptait bien glaner quelques renseignements dignes d'intérêt.

Il regarda autour de lui, attendit que deux passants attardés en un cordial colloque, qui démontrait qu'ils avaient dû passer une soirée... humide, se décidassent à continuer bras dessus, bras dessous, leur balade nocturne et incohérente, et, s'emparant du trousseau de clefs, il s'en fut droit à la porte d'entrée qu'il voulut ouvrir.

« Mais elle lui opposa une telle résistance que Chantecoq en conclut fort judicieusement qu'elle devait être fermée à l'intérieur par une chaîne ou une barre de fer et n'insistant pas, il chercha une porte de service qu'il découvrit tout près de la baie au volet métallique qui devait servir de fermeture à un garage.

Après avoir choisi dans le trousseau la clef qui semblait le mieux convenir à l'usage qu'il voulait en faire, il l'introduisit dans la serrure qu'il fit jouer... Cette fois, la porte s'ouvrit sans la moindre difficulté, et Chantecoq pénétra librement dans un couloir étroit et obscur.

Refermant aussitôt la porte derrière lui, il arma sa lampe électrique et examina les alentours.

A droite, le mur était entièrement lisse. A gauche, deux portes... L'une devait donner accès au garage, l'autre à la cuisine...

Tout le rez-de-chaussée devait être exclusivement consacré au service... Au fond, s'amorçait un escalier... Le détective s'y engagea et, après avoir escaladé une vingtaine de marches, il se trouva dans un autre couloir en longueur qui devait desservir tout le premier étage...

Il poussa la première porte qui se trouva devant lui. Elle donnait dans un office aux multiples placards et qui ne présentait pour lui aucun intérêt.

De là, il passa dans la salle à manger, ou tout au moins dans la pièce qui devait en tenir lieu, car sa disposition, sa décoration et son ameublement étaient d'une originalité tellement agressive qu'il était impossible au premier abord et même au second, d'en définir la destination exacte.

Chantecoq ne s'y attarda pas... Une large baie fermée par une tenture sombre attira son attention. Il écarta le rideau et aperçut devant lui une sorte de hall dont le plafond très élevé se terminait par une verrière surplombant les arêtes vives de piliers métalliques qui eussent été beaucoup mieux à leur place dans une usine métallurgique ou dans une gare de chemin de fer.

De chaque côté du hall, encombré de divans, de sièges bas et de meubles de plus en plus bizarres, Chantecoq, en promenant autour de lui le rayonnement de sa lampe électrique, aperçut deux sortes de retraits plus intimes dans lesquels il ne jugea pas utile de s'aventurer, car il était sûr de no rien découvrir dans ces appartements dits de réception.

S'engageant dans un escalier imitant la pierre et qui, partant du hall, aboutissait à une galerie desservant le premier étage, le détective atteignit les appartements intimes où il espérait faire une meilleure moisson.

Ils se composaient d'une très belle chambre à coucher, beaucoup moins excentrique, d'un vaste et luxueux cabinet de toilette qui communiquait avec une salle de bains, d'un cabinet de travail pour le comte et d'un boudoir pour la comtesse.

Le boudoir, de style moderne, mais exempt de cette outrance qui semblait un défi au goût aussi bien qu'au sens commun, formait un coin délicieux, très féminin, et que, sans aucun doute, Marie-Thérèse avait voulu ainsi.

Sur un très joli bureau-secrétaire en marqueterie, il y avait une photo : celle du comte Robert...

Chantecoq s'en empara et l'examina avec attention.

— Très beau garçon, apprécia-t-il... très racé... figure sympathique... Les yeux un peu trop fixes, avec tendance à exagérer la franchise. Épaules d'athlète... Muscles développés sans doute au détriment du cerveau. Sourire agréable, mais ne parvenant pas à dissimuler entièrement une certaine ironie naturelle... Lèvres voluptueuses, beaucoup plus d'un sensuel que d'un amoureux... Front plutôt énigmatique... un mur derrière lequel il doit certainement se passer quelque chose... qui contraste singulièrement avec la netteté des yeux et qui tendrait à démontrer que ce pauvre garçon était beaucoup moins impulsif que ne le croit sa veuve... Constatation évidemment intéressante, mais qui n'est pas précisément faite pour simplifier les choses déjà si embrouillées.

Continuons notre visite.

Le détective s'en fut dans le cabinet de travail du comte... Là, le modernisme exacerbé avait repris le dessus.

Chantecoq nota au passage :

— Snob !... très snob, même... Alors quelque vice caché : morphine, coco, héroïne ?... Pourtant, le portrait que je viens de voir, et qui est de date récente, est celui d'un homme sain et vigoureux... beaucoup plus épris de sport qu'avide de sensations morbides.

« D'ailleurs, si M. de Roscanvel s'était adonné aux toxiques, sa femme s'en serait aperçue... et elle me l'aurait dit...

« Voyons toujours.

Il s'approcha d'une sorte de bureau sur lequel il y avait un buvard qui portait quelques traces d'écriture séchée.

Chantecoq enleva la feuille et la glissa dans une des poches de son veston... Puis il promena très vite la lueur de sa lampe sur les murs que recouvraient une tenture d'un rouge sombre sur laquelle se détachaient, à intervalles irréguliers, et comme si elles avaient été semées là au hasard, de petites chimères tissées en fil d'or qui paraissaient se poursuivre sans pouvoir jamais s'atteindre.

Une exclamation de surprise échappa au détective qui, pourtant, n'avait ni l'émotion, ni l'étonnement faciles...

Il fallait vraiment que sa curiosité fût tout à coup singulièrement excitée pour qu'il se livrât ainsi à une telle manifestation extérieure.

Chantecoq, en effet, en examinant cette tenture, venait de se rappeler tout à coup une de ses plus récentes aventures que nous allons résumer en quelques lignes.

Quelques semaines auparavant, il avait reçu la visite d'une Italienne, la princesse Gemma Rascolini, qui lui avait raconté que la nuit précédente ses bijoux avaient disparu d'une cachette qu'elle seule connaissait.

Sur sa demande, Chantecoq s'était rendu chez elle... La princesse l'avait fait pénétrer dans son boudoir... dont les murs étaient recouverts de la même tenture en velours rouge parsemé de chimères d'or.

Appuyant sur l'une d'elles, Chantecoq se souvenait parfaitement de sa position, la princesse faisait fonctionner le mécanisme secret grâce auquel une partie de la tenture fixée sur des charnières invisibles laissait apparaître une excavation d'où les bijoux avaient été enlevés.

« Ah ça ! se disait le détective, est-ce que, par hasard, il y aurait également une cachette dans ce mur ? »

Il voulut tout de suite s'en assurer et chercha la chimère qui correspondait le mieux à celle qu'il avait repérée chez la princesse Rascolini.

Il appuya le doigt ainsi que l'avait fait l'Italienne... Rien ne se produisit. Mais Chantecoq n'était pas homme à se décourager pour si peu. Doué d'une obstination et d'une persévérance inlassables, il décida immédiatement de renouveler son expérience sur toutes les autres chimères.

A sa cinquième tentative, une partie de la muraille se rabattait sur lui, démasquant une excavation absolument identique à celle que lui avait révélé la princesse Gemma...

Il y projeta les rayons de sa lampe et aperçut dans la cachette un portefeuille assez volumineux dont il s'empara.

Le portefeuille, très gonflé, était fermé par une serrure en acier, qui devait offrir une certaine résistance... Aucune clef du trousseau ne semblait y correspondre.

« Je serais curieux de savoir ce qu'il contient, » se disait le détective.

D'un geste machinal, il voulut éprouver la solidité de la serrure qui s'ouvrit sous sa première pression.

Chantecoq introduisit sa main à l'intérieur de l'enveloppe en cuir, qui était divisé en trois compartiments et il constata que ceux-ci ne renfermaient que des vieux journaux de sport, dénués de toute espèce d'intérêt...

« Il y a peut-être un double fond, » se disait-il.

Il chercha et ne trouva rien...

« De plus en plus bizarre, pensa-t-il... Pour que l'on ait enfermé ce portefeuille dans une cachette aussi bien dissimulée, il fallait qu'il contînt des valeurs, ou des documents autrement sérieux que ces collections de l'*Echo des Sports*, de l'*Auto*, du *Tennis Revue*.

« Mais ce qu'il y a de bien plus singulier, c'est la ressemblance intégrale de ce coffre secret avec celui de la princesse Rascolini.

« Il se peut, après tout, qu'elle ait été en relations avec les Roscanvel et qu'elle ait conseillé à ceux-ci de faire pratiquer chez eux un coffre invisible semblable au sien. »

Et, tout en replaçant le portefeuille à l'endroit où il l'avait pris, le détective se dit :

« Oh ! oh ! mon petit Chantecoq, voilà une explication qui n'est pas digne de toi. Elle est trop sommaire, trop facile !... Ecoute plutôt ton flair, qui, en ce moment, tout en te faisant renifler un parfum de mystère toujours agréable pour un limier tel que toi, n'est pas sans y reconnaître, savamment mélangés, certains miasmes empoisonnés qui t'engagent à te tenir sur tes gardes. »

Ces réflexions intimes amenaient le roi des détectives à se remémorer son aventure avec la noble Italienne qui, dès le lendemain, lui avait téléphoné que, grâce à une restitution anonyme, elle était rentrée en possession des bijoux...

Il évoquait la silhouette si impérieusement belle, si superbement dominatrice de celle que ses admirateurs n'appelaient que la belle Impéria.

Qu'était au juste cette femme ?

La brusque façon dont s'étaient terminées ses si brèves relations avec elle n'avait pas permis à Chantecoq de se documenter sur elle. Il n'en savait que ce que racontait la chronique.

Or, la chronique, généralement si peu

indulgente et même si malveillante envers tout ce qui représente la fortune, la jeunesse et la beauté, était unanime à célébrer non seulement les agréments physiques de la belle Florentine, mais encore à vanter ses qualités morales dont le riche faisceau s'entourait de la plus solide vertu.

En planant ainsi au-dessus de tout soupçon, la princesse Rascolini avait le plus grand mérite.

Mariée très jeune à l'un des plus opulents gentilhommes de Milan, qui l'avait promptement remerciée du don vraiment royal qu'elle lui avait fait de sa personne en la trompant avec toutes les plus jolies danseuses de la *Scala* et de l'*Internationale*,.. descendante d'une des plus illustres familles de Florence, ayant dans le sang cet orgueil traditionnel qui lui permettait de s'élever au-dessus de toutes les misères humaines, elle n'opposa qu'un méprisant dédain à l'abandon stupide dont elle était l'objet, et le prince Rascolini, sans encourir de la part de sa femme le plus léger reproche, put se livrer à toutes les plus imbéciles orgies.

Mais, une nuit, à Venise, le demi-fou qu'il était déjà, perdant toute retenue, eut l'inconscience, au cours d'un souper où il avait bu outre mesure, d'attaquer gravement, non pas la politique de Mussolini, mais sa personnalité intime.

De nos jours, comme de tout temps, dans cette ville que l'on a surnommée si justement la perle de l'Adriatique et qui est, à coup sûr, l'un des plus beaux joyaux du monde, les palais, les gondoles et même les canaux ont toujours eu des oreilles, qui n'étaient pas seulement celles de l'amour, toujours avides de surprendre les propos des amants enamourés, mais aussi celles, — beaucoup moins finement ourlées, d'une police sans cesse aux aguets pour le plus grand profit de ceux qui l'inspirent et la subventionnent.

Le lendemain, les propos, idiots d'ailleurs, tenus par le prince Rascolini, étaient répétés au *duce* et, loin d'en sourire, le *duce* se fâcha pour tout de bon.

Sans tergiverser, en chef qui entend se faire respecter tout autant et même plus par les grands que par les humbles, il fit savoir à son plus ou moins conscient insulteur qu'il avait quarante-huit heures pour franchir la frontière... et que, s'il s'y refusait, c'était son arrestation immédiate.

Luigi Rascolini, dont la bravoure était aussi limitée que son tact et son intelligence, obtempéra sans regimber. La belle Impéria, bien qu'elle adorât son pays, le suivit en exil, sans élever la moindre objection. Ils se fixèrent à Paris où, grâce à leur fortune considérable, ils purent mener un train d'existence digne de leur rang.

Naturellement, le prince continua ses frasques, et, comme il avait une prédilection marquée pour la danse, ou plutôt les danseuses, on ne vit bientôt plus que lui au foyer de l'Opéra ou dans les coulisses de nos plus fameux music-halls, jusqu'au jour où un fâcheux et terrible accident d'automobile interrompit ses chorégraphiques exploits.

Parti, une nuit, pour Deauville, avec une de ses conquêtes dans une auto de course qu'il avait la folie de piloter lui-même, on les ramassait tous les deux parmi les débris de l'auto, au bas de la côte de Saint-Germain dont l'imprudent chauffard, qui marchait à cent à l'heure, avait magistralement raté le virage.

La femme était morte. Lui ne valait guère mieux. On dut le trépaner. Il en revint, mais pour demeurer plongé dans cet état lamentable pour un homme de trente ans, qu'on appelle communément le gâtisme.

Epouse admirable, la princesse Gemma renonçant solennellement au monde, à ses pompes et à ses œuvres, se transforma en infirmière, passant la moitié de son temps auprès de son mari, l'escortant, lorsqu'un domestique le poussait dans sa petite voiture à travers le jardin du magnifique hôtel que Rassolinj avait acheté, chaussée de la Muette, quelques jours avant son accident.

Elle se vengeait ainsi, en, héroïne, en grande chrétienne, des injures dont ce mufle de vaincu l'avait accablée pendant les cinq premières années de leur mariage.

Voilà tout ce que Chantecoq savait de la belle Impéria.

« Pour l'instant, se disait-il, reléguons cette superbe marionnette au magasin des accessoires et continuons notre perquisition, car, j'ai le pressentiment qu'elle me ménage encore d'autres surprises. »

Chantecoq ne se trompait pas.

Mais celle dont il allait être l'objet, dépassait, et de beaucoup, ce qu'il s'attendait à trouver ou à voir.

En effet, quelle ne fut pas sa stupéfaction, en repassant dans le boudoir de la comtesse, de constater qu'un plafonnier électrique répandait dans la pièce une vive clarté.

Pourtant, il était bien sûr de n'avoir fait fonctionner aucun commutateur. Or, ces lampes n'avaient pourtant pas pu s'allumer toutes seules.

Alerté, Chantecoq saisit son revolver et écouta... Aucun bruit ne troublait le silence environnant.

Comme il regardait autour de lui, le détective aperçut, appuyée contre la photo du comte Robert, une enveloppe sur laquelle il y avait une adresse.

Il approcha à pas de loup, et lut ces mots tracés d'une écriture contournée et visiblement contrefaite :

A monsieur Chantecoq.

URGENTE ET PERSONNELLE.

Le limier s'empara de l'étrange missive, mais avant d'en prendre connaissance, il s'en fut, à pas de loup, jusqu'à la porte qui donnait dans la chambre de la comtesse, et, brusquement, revolver au poing, il l'ouvrit toute grande.

La chambre était plongée dans l'obscurité la plus complète. Aucun bruit ne se faisant entendre, Chantecoq rentra à reculons dans le boudoir, referma la porte dont, par précaution, et pour éviter toute attaque brusquée, il poussa le verrou.

Alors, replaçant son revolver dans sa poche, mais tout prêt à le ressaisir et à en user au cas de subit danger, il déchira l'enveloppe et lut ce qui suit :

« Monsieur Chantecoq,

« Malgré l'avis qui vous a été donné ce matin, par un des amis de l'infortuné comte de Roscanvel, qui se double d'un de vos plus sincères admirateurs, vous avez donné suite à la démarche qu'a tentée, près de vous, une misérable femme, justement soupçonnée d'avoir trempé dans l'assassinat de son mari et dont l'arrestation n'est plus qu'une question d'heures.

« Pour cette fois, je consens à vous pardonner, mais, sachez-le bien, ce sera la première et la dernière.

« Je n'hésite pas à vous le déclarer, si vous persistez à vous occuper d'une affaire qui ne vous regarde pas et à entraver l'œuvre de la justice, je ne réponds pas de votre existence.

« Ne croyez pas que je bluffe le moindrement. La meilleure preuve, c'est que tout à l'heure, il y a à peine quelques minutes, je vous tenais sous le feu d'un certain pistolet, avec lequel je ne vous engage pas à faire connaissance.

« Vous êtes, monsieur Chantecoq, un très remarquable policier, et je reconnais volontiers que vous n'avez en rien usurpé le titre de roi des détectives, que vous a décerné l'opinion publique...

« Je n'ai nullement envie d'entrer en guerre avec vous. Vous ne m'inspirez aucune haine. Loin de là ! Je tiens à vous le répéter, je n'ai pour vous qu'admiration et estime.

« Mais j'entends, avant tout, que la mort du comte Robert soit vengée et que ses assassins subissent le châtiment qu'ils ont mérité.

« Ne transformez donc pas en ennemi implacable, quelqu'un qui n'est animé envers vous que d'excellentes intentions.

« Je viens de vous donner déjà un échantillon de mon savoir faire, ne me contraignez pas à continuer.

« Cette fois, sachez-le bien, vous n'avez pas affaire à un de ces criminels qui, si habiles, si retors, si audacieux soient-ils, finissent toujours par présenter à votre œil exercé le défaut de la cuirasse, mais à un personnage invisible qui vous suit, vous observe, attentif à la moindre de vos démarches et *ne vous manquera pas si vous lui en fournissez l'occasion.*

« *Adieu*, n'est-ce pas, cher monsieur Chantecoq, cela vaut mieux pour vous, que de me forcer à vous dire « au revoir ».

Le message ne portait aucune signature. Tranquillement, Chantecoq l'envoya rejoindre dans sa poche, avec la photographie de Robert, le buvard qu'il y avait déjà serré. Puis, une main sur la crosse de son revolver, il s'en fut à la porte, dont il poussa le verrou, éteignit le plafonnier, et armé de sa lampe électrique, passa dans la chambre de la comtesse.

S'avançant avec précaution, il regagna l'antichambre qui aboutissait à la galerie, descendit l'escalier de pierre, traversa le hall, la salle à manger, l'office, prit l'escalier de service, longea le couloir, rouvrit la porte, la referma à clef et se trouva dans la rue.

Quelques minutes après, il roulait dans son auto qui le ramena chez lui.

Les événements mystérieux qu'il venait de vivre n'avaient en rien troublé sa sérénité. Jamais il n'avait paru plus calme, plus maître de lui, plus conscient de sa force.

Un léger sourire de satisfaction errait sur ses lèvres, auxquelles leur fin contour donnait une expression spirituelle s'harmonisant merveilleusement avec son regard qui n'avait jamais été plus vif, mieux éveillé.

En ce moment, Chantecoq donnait l'impression exacte d'un homme qui s'est beaucoup amusé et compte se distraire encore davantage.

— Ça se corse, murmura-t-il entre ses dents... ça se corse même d'une façon tout à fait imprévue.

« Allons, tant mieux ! A vaincre sans péril, on triomphe sans gloire. Et si mon anonyme correspondant, si redoutable soit-il, et il l'est sans aucun doute, se figure qu'il va m'intimider, il se trompe !

« Maintenant, j'en suis sûr, j'en ai la conviction absolue, *c'est lui qui a tué ! !*

« Et j'irais lâcher une telle proie !

« Le gredin prétend me connaître !... Quelle plaisanterie ! En tous cas, je vais lui prouver avant peu que j'ai plus d'un tour dans mon sac. Et ce n'est pas l'adieu qu'il escomptait, que je lui renvoie, mais un expressif « au revoir » accompagné d'un énergique *à bientôt !*

Gautrais, impassible, laissait monologuer son patron...

Le fidèle serviteur en avait vu et entendu bien d'autres... On sentait qu'il était de ceux « qui ne s'en font pas », non point parce qu'il était doué de cette philosophie rudimentaire, communément appelée égoïsme, mais parce qu'il avait en son maître une confiance que seuls pouvaient égaler son affection et son dévouement.

En arrivant à l'entrée de l'allée de Verzy, Gautrais stoppa et demanda au détective :

— Patron, quels sont les ordres pour demain ?

Chantecoq fit :

— Quelle heure est-il ?

— Trois heures, répliqua le chauffeur en consultant la pendulette de la voiture.

— Je t'ai fait veiller, mon pauvre vieux. Je ne peux pourtant pas te demander de m'apporter mon chocolat à sept heures du matin !

— Pourquoi pas, patron ? Pendant que vous étiez occupé, j'ai dormi dans l'auto, et puis, on est tout de même un peu là !

— Quatre heures de sommeil, ce n'est pas assez, déclarait ce dernier, d'autant plus que nous allons avoir besoin de toutes nos forces.

Et il conclut :

— Apporte-moi mon chocolat à neuf heures.

— Entendu, patron.

— Allons, bon quart de nuit, mon brave !

— Bon quart, patron !

Tandis que Gautrais allait remiser sa 10 HP dans un garage voisin, Chantecoq rentrait chez lui.

Après avoir déposé dans son coffre-fort le papier buvard et la lettre qu'il rapportait de son expédition nocturne, il s'en fut quitter sa défroque dans son laboratoire ; et, revêtu d'un confortable pyjama, il regagna sa chambre qui était située au premier étage de la villa, passa dans son cabinet de toilette où il se prépara un bon bain tiède qu'il termina par une douche en pluie fine, et, après s'être frictionné à l'eau de Cologne avec un gant de crin, il se coucha.

Cinq minutes après, cet homme, ou plutôt ce surhomme, dormait d'un sommeil d'enfant.

L'assassin du comte de Roscanvel n'avait qu'à bien se tenir... Le roi des détectives était lancé sur sa piste.

IV

DE MYSTÈRE EN MYSTÈRE

Lorsque, le lendemain matin, à neuf heures précises, Gautrais apportait à Chantecoq son chocolat, il trouva son patron installé dans son studio, devant sa table et en train de travailler avec son secrétaire.

Le grand limier paraissait aussi frais et dispos que s'il eût dormi huit à dix heures consécutives.

Sa résistance physique égalait sa santé morale et de même qu'il ignorait ces défaillances morales qui font perdre aux individus les trois quarts de leur rendement, il ignorait toute fatigue, toute dépression, tant le parfait équilibre de son organisme et de son esprit le mettaient à l'abri de toute fâcheuse atteinte.

Ces avantages précieux entre tous, et qui lui permettaient, à l'âge mûr, de développer une activité que lui eussent enviée tant de jeunes gens, il les devait à la fois à une volonté d'acier, à l'observation rigoureuse d'une hygiène parfaite et à la pratique modérée et rationnelle de certains exercices d'assouplissement grâce auxquels il avait conservé toute sa force et sa souplesse.

Son gendre, Jacques Bellegarde, qui avait pour lui autant d'admiration que d'amitié, disait de lui :

— Mon beau-père a cessé de vieillir à quarante ans ; s'il ne lui arrive pas d'accident, il n'y a aucune raison pour que, dans quarante ans, il ne soit pas toujours le même.

Voilà pourquoi il ne faut pas s'étonner si, après une nuit aussi fertile en incidents imprévus, Chantecoq se trouvait, ce matin-là, plus en forme que jamais.

Gautrais, après avoir déposé son plateau en face de son maître, allait se retirer discrètement, mais Chantecoq l'interpellait avec une cordiale familiarité.

— Pas trop flapi, mon vieux ?

— Mais non, patron. Dame, on tâche de prendre modèle sur vous. On n'y arrive pas toujours, mais enfin on fait de son mieux.

— Du moment que tu as le sourire, déclarait le détective, je suis content.

— Avec vous, comment ne l'aurais-je pas ? s'exclamait l'excellent garçon. N'êtes-vous pas le meilleur des patrons ?

— Gautrais, tu sais que je déteste la pommade.

— Ce n'est pas de la pommade, c'est de la vérité. Marie-Jeanne, ma femme, me le disait encore ce matin : cher monsieur, on n'a pas l'impression d'être en place, mais en famille... Mais je ne veux pas vous raser, patron... vous me connaissez de vieille date. Je ne fais jamais de boniments. Ce que je dis, c'est que je le pense. Eh bien ! s'il n'y avait que des maîtres comme vous, sûr qu'il n'y aurait pas de crise de domestiques.

Et, joignant les talons, il fit :

— A quelle heure vous faut-il la voiture, *mon capitaine ?*

— Aujourd'hui, repos... déclarait le limier.

— Monsieur ne sort pas ?

— Si, mais j'ai l'intention de me servir de taxis ou d'user de ces nombreux transports en commun, qui nous sont dispensés par notre bonne ville de Paris.

— Alors, si vous le voulez bien, patron, j'en profiterai pour aider Marie-Jeanne à astiquer ses cuivres.

— Fais tout ce que tu voudras.

— Merci, patron.

Gautrais esquissa un salut militaire et s'en fut, le cœur à l'aise.

— Quel brave garçon ! soulignait Chantecoq... Ah ! celui-là n'est pas un ingrat !

Météor observait :

— Il n'a pas oublié que, pendant la grande guerre, vous, son capitaine, vous aviez été le chercher parmi les fils barbelés où il était tombé, très grièvement blessé... et que vous l'aviez ramené dans la tranchée au péril de votre existence...

— Et moi, affirmait le grand limier, je n'ai pas oublié que six mois après, il me rendait le même service.

« Vois-tu, petit, cela crée des liens de solidarité, de fraternité, autrement puissants que ceux des sympathies banales ou des intérêts communs.

Et, tout en trempant un « toast » dans la tasse de chocolat à la vanille, qui exhalait un délicieux parfum, Chantecoq ajouta :

— Maintenant, au travail... Citoyen Météor, vous avez la parole.

Le secrétaire tira un carnet de sa poche et l'ouvrit.

Il allait commencer à en lire certains extraits, lorsque le roi des détectives, les sourcils légèrement froncés, s'écria :

— Alors... toujours des notes ?

— Patron, je ne suis pas encore assez sûr de moi.

— Je te pardonne, en raison de ta franchise. Mais souviens-toi de ce que je t'ai dit à ce sujet. Si tu veux devenir un jour un bon détective, — et tu en as l'étoffe, il faut t'habituer à enregistrer dans la mémoire, tout ce que tu vois et tout ce que tu entends. et être, en un mot, un *kodack pensant,* non pas un gribouilleur de petits papiers, qui risquent fort de s'envoler au vent et de tomber dans des mains auxquelles elles n'étaient pas précisément destinées.

— Compris, patron, déclarait Météor, et je vais m'appliquer encore davantage à suivre votre conseil.

— Bien, maintenant, lis-moi ton grimoire.

Météor se gonfla les joues, puis consultant son calepin, il commença à haute voix :

— Le maître d'hôtel Marco se trouve en ce moment à Paris... Il est entré depuis quelques jours au service de la princesse Rascolini.

— Hum ! ponctua le limier.

— 77, chaussée de la Muette... continuait imperturbablement Météor.

« Quant à la femme de chambre. Suzanne Morlier, elle est également entrée le même jour chez la dite princesse...

« Il est hors de doute qu'elle est la maîtresse de Marco... un point, c'est tout.

— Et c'est très bien ! félicitait Chantecoq. Ah ! ça, petit, dis-moi, maintenant, comment tu as pu te procurer aussi rapidement ces renseignements ?

— Patron, c'est bien simple, répliquait le secrétaire et élève du roi des détectives.

« Grâce à votre ami Ménardier, de la préfecture de police, j'ai pu avoir au service des étrangers, l'adresse de Marco, qui s'appelle en réalité Marcolini.

« Alors, j'ai été faire une petite enquête chaussée de la Muette, où demeure la princesse... Hôtel épatant, un vrai palais avec un grand jardin, où il y a un monsieur qu'on promène dans une petite voiture. Il paraît que c'est le prince... et une grande dame brune, très belle et qui n'a pas précisément l'air d'être à la noce. Il paraît que c'est la princesse.

« Tout à fait du grand monde.

« Mais ceux-là ne m'occupaient pas... ce qui m'intéressait, n'est-ce pas, c'était Marco et la bergère.

« Je me suis mis en observation, et bientôt j'ai vu sortir par une petite porte de service, une jeune cameriste, ma foi, fort jolie... mais avec un air coquin... Ah ! patron, un air à faire frétiller la queue du cochon de saint Antoine.

— Monsieur Météor, scandait Chantecoq, sur un ton de fausse sévérité, je vous dispense de ces comparaisons saugrenues.

— Excusez-moi, patron, je ne remettrai pas ça.

— Nous verrons bien. Au fait.

Après s'être regonflé les joues, le secrétaire reprit :

— Tout de suite, mon flair m'avertit que cette jeune personne qui trottinait devant moi en tapant sur l'asphalte les hauts talons de ses élégantes bottines était cette Suzanne que vous m'aviez chargé de repérer et, aussitôt, je me mis à lui emboîter le pas.

« Mais la gaillarde, qui m'a tout l'air d'une fine mouche, se retournait bientôt et, se rendant compte de mon manège, auquel j'avais volontairement donné une allure amoureuse, elle me lança d'un air beaucoup plus ironique que courroucé :

« — Je vous avertis que vous perdez votre temps.

« — Mademoiselle... voulus-je protester,

en la saluant respectueusement et en lui décochant mon plus gracieux sourire.

« — Je n'aime pas les gigolos ! coupat-elle d'une voix sèche et dédaigneuse.

— Je voulus protester :

« — Je ne suis pas un gigolo !

« Mais à peine avais-je proféré cette affirmation si véridique et si facilement contrôlable, que je recevais quelque part un formidable coup de pied qui, bien que je suis solide sur mes jambes, me fit cependant trembler sur ma base.

« Je me retournai et me trouvai face à face avec une espèce de grand type brun, bellâtre d'office, qui m'attrapa au collet, avant même que j'aie pu esquisser un mouvement de défense.

« Mais la Suzanne intervenait :

« — Laisse-le, Marco !... Avec sa gueule de raie, il ne vaut vraiment pas la peine d'une correction.

— Patron ! poursuivit Météor, j'ignore si j'ai une gueule de raie, mais ce dont je suis sûr, c'est que j'avais à ce moment une furieuse envie d'adresser à ce Marcolini un de ces petits directs du gauche dont vous m'avez transmis le secret.

« Mais je songeai au principe que vous m'avez inculqué, à cet axiome si sage dont tout bon policier doit toujours s'inspirer :

« Jamais de conflit inutile. »

« Je me contentai de me dégager timidement et ramassai mon chapeau sur le trottoir, et de feindre une retraite peu reluisante.

« Qu'est-ce que cela pouvait bien me faire ? J'avais accompli la mission que vous m'aviez confiée. Non seulement je m'étais procuré l'adresse du maître d'hôtel Marco et de la femme de chambre Suzanne, mais j'avais découvert qu'ils étaient amant et maîtresse... Ça valait bien un coup de pied dans le derrière.

— Météor, félicitait Chantecoq, je suis très content de toi, tu as fait hier une excellente besogne.

— Et je ne demande qu'à continuer.

— Le travail ne va pas te manquer.

— Tant mieux !...

— Tu vas repartir tout de suite en campagne.

— Chic !...

— Oh ! pas bien loin !

— Tant pis !...

— J'ai besoin d'être renseigné très fidèlement sur tous les faits et gestes de la princesse Rascolini.

« Mais comme tu es grillé auprès de son maître d'hôtel et de sa femme de chambre, te voilà donc obligé de faire peau neuve, c'est-à-dire de te camoufler de telle sorte qu'il soit impossible à ceux-ci de te reconnaître.

« Fais-moi donc le plaisir de passer immédiatement dans mon « laboratoire ». Je te laisse libre du choix du personnage qui conviendra le mieux à ton tempérament, ainsi qu'aux circonstances.

« Lorsque tu auras achevé ta transformation, tu reviendras me retrouver et je t'expliquerai alors, plus en détail ce que tu auras à faire.

— Entendu, patron.

Virevoltant sur lui-même, leste comme un écureuil, rapide comme une étoile filante, Météor s'élança dans le laboratoire dans lequel il disparut tel un de ces personnages de cinéma que l'on voit tout à coup se fondre sur l'écran.

Chantecoq saisit son téléphone et demanda un numéro.

Sans doute bénéficiait-il de grâces spéciales ou avait-il su s'attirer la sympathie de la demoiselle des P. T. T. qui se trouvait à l'autre bout du fil, toujours est-il qu'il obtint la communication avec une certaine facilité.

— Allo ! lança-t-il dans l'appareil... Le Calm... ôtel ?

« Ici M. Chantecoq... Voulez-vous prévenir Mme la directrice que j'ai un mot assez urgent à lui dire... Je vous remercie, mademoiselle.

Le limier attendit quelques secondes, puis il reprit :

— Allo ! c'est vous, Mme Derigny ?... Excusez-moi de vous déranger de si bonne heure. Oui, je sais que vous êtes très matinale... Voilà pourquoi je me suis permis... Vous allez bien ?... Vous êtes toujours contente ?... Bravo !...

« Allo !... oui, moi aussi, ça va, ça va même très bien... Vous êtes tout à fait aimable...

« Je voudrais savoir comment va la jeune femme que je me suis permis de vous adresser hier ? bien ?... merci... Oui, elle est tout à fait charmante... Vous seriez vraiment gentille de la prévenir que je lui rendrai visite très certainement avant midi. Entendu... Je vous remercie, madame Derigny.

« Si je resterai à déjeuner ?... Je regrette vivement, mais j'ai une journée tellement chargée que j'aurai juste le temps de dévorer un sandwich... et encore... A tout à l'heure !

Chantecoq raccrocha le récepteur et s'en fut vers son coffre-fort dont il retira le papier buvard et la lettre qu'il y avait déposés la nuit précédente.

Il revint à sa table sur laquelle il étala les deux documents et, armé d'une grosse loupe, il commença à examiner la lettre avec une grande attention.

« Il n'y a aucun doute, fit-il, c'est bien une écriture de femme assez habilement contrefaite, mais qui, néanmoins, conserve certains signes très suffisants par leur caractère personnel pour dévoiler le véritable auteur de ces lignes. Etudions maintenant l'autre pièce.

Le roi des détectives prit dans un tiroir, une glace munie d'un appui en forme de chevalet... Il la plaça devant lui et lui présenta la feuille de buvard, dont les traces d'écriture, assez nettes d'ailleurs, étaient à l'envers. Le miroir les rétablit à l'endroit.

Chantecoq déchiffra aussitôt :

M 7 2 8 i... M 5 4 9 0... 5 3 2 1 A... T 9 9 1 R... A 6 0 4 I... N 228 +... B I 0 4 L... E 951 U...

Tout le reste était complètement brouillé, illisible.

« Ceci, se disait le détective, m'a tout l'air d'une correspondance chiffrée et doit, par conséquent dissimuler un important secret...

Les chiffres appartiennent certainement à un code de correspondance, dont il faudrait avoir la clef...

« Inutile de leur demander ce qu'ils se refuseraient à nous dire, avec cette force d'inertie qui n'appartient qu'aux objets inanimés.

« Voyons plutôt ce que nous donnerait un assemblage de ces lettres placées à gauche et à droite de ces chiffres mystérieux.

Tout en maintenant d'une main le papier buvard en face de la glace, Chantecoq prit de l'autre son stylo et se mit à écrire sur une feuille de papier blanc.

MI... MO... SA...

— Mimosa... murmura-t-il... le nom de la propriété des Roscanvel... Tiens... tiens... tiens...

Et, continuant à transcrire les lettres suivantes, il obtint ceci :

T-R... AI... N +... BL... EU

— Train bleu !... s'exclama cette fois le détective... Le train bleu qui a écrasé le comte Robert.

Et, vivement intrigué, il scanda :

— Mimosa... train bleu... Train bleu, Mimosa !...

Puis, il ajouta :

— Voilà qui n'est pas banal.

« Maintenant que j'ai découvert la signification des lettres, je donnerais bien deux mille francs, pour savoir ce que veulent dire ces chiffres.

« Il n'y a pas d'erreur possible... Tout le secret du drame est là.

De nouveau, son regard s'en fut vers le miroir qui lui renvoyait l'image du papier buvard... qu'il fixait ardemment comme s'il eût voulu lui arracher son secret.

Bientôt, il fit :

— Écriture féminine, celle-là aussi... Au fait...

Ses yeux se dirigèrent vers la lettre, puis revinrent au papier buvard... Plusieurs fois de suite ils se déplacèrent ainsi, tantôt avec lenteur, tantôt avec célérité.

Puis, après être demeuré un instant entièrement immobile, il formula :

— Il n'y a pas d'erreur possible... Les deux documents sont de la même main. C'est-à-dire celle de...

Il s'interrompit et grommela :

« Chantecoq, mon ami, ne va pas trop vite... Rappelle-toi ce principe fondamental : il ne faut jamais s'emballer sur des indices.

« Certes, il est curieux de rencontrer chez le comte de Roscanvel une cachette identique à celle que j'ai déjà repérée chez la princesse Rascolini et il est encore plus troublant de constater, que cette noble italienne a pris à son service ce Marco et cette Suzanne, qui ont accusé Julien Guéret d'être l'amant de la comtesse et fourni, de ce chef, à ce singulier juge d'intruction marseillais, un des éléments les plus sérieux de son instruction...

« Mais, gardons-nous d'en tirer des conclusions trop formelles, trop décisives. Un mystère tel que celui du train bleu ne s'élucide pas en vingt-quatre heures, ni même en quarante-huit.

« Si nous tenons un tout petit bout du fil qui doit nous guider à travers le labyrinthe, où nous nous sommes engagés, gardons-nous qu'à la suite d'un geste trop brutal, il nous casse entre les doigts. »

Après avoir ainsi raisonné, Chantecoq remit la glace dans son tiroir et s'en fut replacer dans son coffre-fort, les deux précieux documents, qu'il venait d'examiner et, grâce auxquels il apercevait maintenant une toute petite lueur dans les ténèbres où, si résolument il s'était engagé.

Au moment où il terminait cette opération, on frappait à la porte qui donnait dans le vestibule.

— Entrez, fit-il, pensant que c'était son valet de chambre qui lui apportait une dépêche, un pneumatique, une lettre.

Il se trompait... Un homme âgé, les épaules voûtées, les cheveux rejetés en arrière, à l'artiste, à la barbe et à la moustache taillées, très près, au nez proéminent et servant de point d'appui à une paire de lunettes en écaille, vêtu d'une redingote noire de coupe disgracieuse et dont les basques battaient sur les jambes d'un pantalon, qui depuis de longs mois avait perdu son pli tailleur, s'avançait, tenant à la main un chapeau noir en forme de galette et aux très larges ailes.

D'une voix nasillarde, il annonçait :

— Monsieur Joseph Martigné Ferchaud, de l'Institut.

Chantecoq eut un sourire amusé.

— Brave Météor, fit-il... voilà une composition des plus réussies.

« Une critique, toutefois...

— Dites, patron, je vous en prie.

— Tu laisses un peu trop percer le bout de l'oreille.

«Eh oui !... Quand on veut personnifier un homme de soixante-cinq à dix ans, on n'étale pas un appareil auditif, aussi rose que le museau d'un jeune chat.

Et, tout en administrant une tape amicale à son secrétaire, le roi des détectives reprit :

— Tu vois, que moi aussi, je sais me livrer au petit jeu des comparaisons.

Météor se contempla devant une glace fixée au mur.

— Patron, reconnut-il, comme toujours, vous avez raison.

Et, modestement, il ajouta :

— Avant de devenir, comme vous, l'as des

as du camouflage, j'ai un rude chemin à parcourir.

— En tout cas, tu es dans la bonne voie.

— Je cours m'arranger les oreilles.

— Minute ! fit le grand homme, en saisissant son jeune collaborateur par le bras, ce qui était le seul moyen de l'empêcher de se volatiliser.

Et il continua :

— Je voudrais savoir tout de suite, pourquoi tu t'es fait la tête de ce vénérable savant.

— Patron, c'est tout à fait simple. Je me rappelle avoir lu récemment dans un journal que la princesse Rascolini possédait une superbe collection de médailles anciennes qu'elle avait réussi à faire venir d'Italie au nez et à la barbe des douaniers de l'illustre Mussolini.

« Vous n'ignorez pas que M. Martigné-Ferchaud est un numismate des plus distingués.

« Il n'y a donc rien d'étonnant à ce qu'il ait le désir de visiter une collection qui passe pour l'une des plus belles du monde.

— Fort bien imaginé.

Météor observait :

— Je crois que voilà un moyen très vraisemblable de pénétrer auprès de la princesse et de me rendre compte de la disposition intérieure de son hôtel ; en un mot, de sonder le terrain sur lequel il s'agit de m'aventurer.

— Très bien, approuvait Chantecoq ; mais ce n'est pas tout. J'aurais besoin de me procurer, dans le plus bref délai un spécimen de l'écriture de la princesse.

Météor se gonfla les joues sous son maquillage. Puis il fit avec conviction :

— Vous l'aurez ce soir, patron. Au fait, j'y pense : au moment du vol de ses bijoux, la princesse ne vous a-t-elle pas écrit ?

— Non, elle m'a rendu visite et je n'ai correspondu avec elle que par téléphone.

— Patron, pardonnez-moi cette réflexion.

— Je ne t'en veux pas... Cela prouve que

Tu penses à tout... Va te vieillir les oreilles... D'ailleurs, moi aussi j'ai besoin de changer de peau.

Et tout en passant dans son laboratoire avec son secrétaire, le détective fit :

— Nos policiers modernes ont bien tort d'afficher un dédain aussi complet du camouflage... Je sais bien que c'est un art qui demande beaucoup d'étude, beaucoup de soin, beaucoup de patience... Et voilà peut-être pourquoi parmi mes collègues officiels ou privés, il compte aujourd'hui si peu d'adeptes... Moi, je lui reste et je lui resterai toujours fidèle. Car je lui dois mes plus grands succès...

« Les vieilles méthodes ont du bon, à la condition de les adapter à son époque... et je suis bien décidé à ne pas changer ma manière.

Tout en parlant, Chantecoq avait ouvert l'armoire aux défroques, et choisi une soutane et un chapeau de prêtre.

Moins d'une demi-heure après, il était transformé en un vieux missionnaire qui semblait arriver en ligne droite des confins de la Chine ou du fin fond de l'Afrique équatoriale.

Son raccord terminé, Météor n'avait pas cessé de regarder son maître procéder à la transformation de son individu. Ainsi qu'il le disait, il *en prenait de la graine*. Il le pouvait, jamais acteur, sauf peut-être le grand Guitry, n'avait atteint une telle perfection dans la façon de composer un personnage.

Chantecoq, en effet, ne se contentait pas d'en être l'incarnation extérieure... Il s'identifiait aussi ses gestes, sa façon de parler ; sa marche, ses attitudes... son caractère, son tempérament, jusqu'à son âme. C'était la perfection même.

Aussi, lorsque Météor prit congé de lui pour se rendre Chaussée de la Muette, eut-il l'impression que c'était un véritable missionnaire qui lui serrait la main et lui souhaitait : bonne chance.

Pour un rien, il lui eût demandé sa bénédiction.

Chantecoq mué en Révérend Père repassa dans son studio, et bien qu'il eût la certitude que, sous son costume ecclésiastique, l'œil le plus exercé était incapable de le reconnaître, il glissa, dans la poche de sa soutane son revolver, ainsi que la petite boîte rectangulaire qu'il avait emportée la veille et dont il n'avait pas eu, d'ailleurs, l'occasion de faire usage.

Et il s'en fut, portant à la main une valise qu'il avait prise dans son laboratoire.

Il avait déjà cet air légèrement ahuri qu'inspire toujours notre capitale à quiconque n'y a pas mis les pieds depuis un certain nombre d'années.

Avenue des Ternes il monta dans un taxi et donna l'ordre au chauffeur de le conduire à l'adresse du « Calme Abri ».

Lorsqu'il arriva à la pension tenue par Mme Derigny, il était onze heures environ.

Après avoir réglé sa course, il sonna à la porte d'un pavillon d'aspect simple, mais confortable. Une jeune bonne, à l'accueil avenant, vint lui ouvrir.

— Mme Derigny, demanda le détective.

— C'est ici, monsieur l'abbé, répliquait la camériste.

— Je viens pour un séjour.

— Veuillez vous donner la peine d'entrer.

La soubrette conduisit le détective dans un gentil salon d'attente qui, décoré avec un certain goût ne ressemblait en rien à ces pièces tristes, aux papiers fanés et aux meubles désuets, tel qu'on en voit tant dans beaucoup d'établissements de ce genre.

Chantecoq n'attendit pas longtemps...

Une jeune femme qui, elle non plus, n'avait rien de commun avec ces dames âgées, respectables, mais rébarbatives ou ces commères corpulentes, affairées et trop aimables qui président parfois aux destinées de ces maisons, dites familiales, apparut aussitôt.

Avec un sourire qui n'avait rien de commercial, elle s'avança vers le faux missionnaire tout en lui disant avec déférence :

— Monsieur l'abbé, veuillez donc vous asseoir.

— Merci, madame, répliquait Chantecoq en changeant de voix, j'ai l'habitude de rester debout.

— Vous venez, m'a dit ma femme de chambre, pour un séjour.

— D'une demi-heure environ.

Mme Derigny regarda son interlocuteur d'un air quelque peu étonné... Elle se demandait si le soleil des tropiques n'avait pas un peu trop échauffé son cerveau ou si, simplement, il ne se moquait pas d'elle.

— Comment, plaisantait Chantecoq. Comment, chère Mme Derigny, vous ne me reconnaissez pas ?

— Mais non !

— Cependant, je vous ai téléphoné il n'y a pas deux heures.

— Vous... monsieur l'abbé.

— Mais oui, madame Derigny, pour vous demander si la jeune personne que je vous ai adressée hier...

— Monsieur Chantecoq, s'exclamait la charmante femme... Ah ! par exemple, jamais je ne me serais doutée...

Et sur un ton plaisant, elle ajouta :

— J'ignorais que vous fussiez entré dans les ordres.

— Pas pour longtemps !

— La soutane et la barbe de missionnaire vous vont très bien... On dirait que vous les avez toujours portées... Maintenant, dites-moi en quoi je puis vous être agréable.

Le détective répliquait :

— Laissez-moi, auparavant, vous remercier du service que vous m'avez rendu en accueillant cette jeune femme.

— Pouvais-je faire moins pour l'ami que vous êtes... Lorsque j'ai connu de mauvaises heures, ne vous ai-je pas trouvé ?

— Chut ! Chut ! ne parlons plus de cela, interrompit Chantecoq... Votre mari était un de mes camarades du front... Il vous

avait recommandée, confiée à moi... N'avais-je pas le strict devoir, lorsqu'il n'a plus été là, de vous apporter tout mon appui moral ?...

— Et matériel.

— Madame Derigny, nous allons nous fâcher, et comme il faudra nous raccommoder, cela nous fera perdre un temps considérable... Or, j'ai besoin de m'entretenir pendant quelques instants avec votre nouvelle pensionnaire.

— Mme Fégréac ?

— C'est cela, Mme Fégréac.

— Quelle femme délicieuse, monsieur Chantecoq, vous m'avez envoyée comme cliente... Elle m'a tout de suite fait de vous un tel éloge qu'elle m'a été immédiatement sympathique. Je vais tout de suite lui dire que vous êtes là.

Mme Derigny s'en fut. Le grand limier en profita pour jeter un coup d'œil à travers l'une des fenêtres du salon, qui donnait sur la rue.

Apercevant sur le trottoir d'en face deux hommes d'une quarantaine d'années, aux attitudes bonasses et à la tenue de corrects bourgeois et qui, tout en faisant les cent pas sur un espace assez restreint, ne quittaient pas des yeux la façade de la pension de famille, il grommela :

— Je constate que les ordres de M. le juge de Marseille sont fort bien exécutés par la police parisienne..

« Allons, j'ai bien fait d'apporter *ce qu'il fallait* dans ma valise.

La porte se rouvrait pour laisser apparaître la comtesse de Roscanvel. A la vue de ce vieux missionnaire, elle demeura interdite... Tout de suite, Chantecoq demandait :

— Mme Derigny ne vous a donc pas prévenue ?

Marie-Thérèse répliquait :

— Elle m'a dit que M. Chantecoq me demandait.

— Eh bien, M. Chantecoq, c'est moi.

— Maintenant, je reconnais votre voix, mais jamais je n'aurais soupçonné...

Et prise d'une instinctive inquiétude, la jeune femme demanda :

— Pour vous être déguisé ainsi, il faut que vous ayez un motif très sérieux.

Et sans donner au détective le temps de lui répondre, déjà haletante, la comtesse poursuivait :

— Hier soir, je me suis aperçue que j'étais suivie par des gens suspects.

— Dites plutôt des policiers.

— Sans doute ont-ils découvert mon adresse ?

— C'est infiniment probable, et même certain... La preuve, c'est qu'en ce moment, il y en a deux dans la rue qui attendent que vous sortiez, pour vous emboîter le pas.

— Mon Dieu !

— Ne vous effrayez pas, madame, et surtout gardez tout votre sang-froid.

— La nuit dernière, j'ai rêvé que le juge d'instruction Ribécourt avait lancé l'ordre de m'arrêter.

— Il se peut qu'il en ait l'intention. Mais je vous garantis qu'il n'y parviendra pas... à la condition, toutefois, que vous adoptiez toutes mes directives.

Mme de Roscanvel répliquait :

— Je suis prête, monsieur Chantecoq, à vous obéir aveuglément.

— Je vous dirai tout à l'heure ce que vous aurez à faire. En attendant, j'ai besoin de vous pour plusieurs questions.

— Je vous en prie.

— Elles me sont inspirées par les résultats de la perquisition à laquelle je me suis livré hier soir dans votre hôtel de la rue Henri-Heine.

— Interrogez-moi, déclarait Mme de Roscanvel, je vous répondrai sans la moindre réticence et avec la plus complète sincérité.

Le détective martelait :

— Connaissiez-vous, madame, l'existence, dans le cabinet de travail de votre mari, d'une cachette pratiquée à l'intérieur de la muraille ?

Avec l'expression du plus vif étonnement, Marie-Thérèse répliquait :

— Non, monsieur, et Robert devait l'ignorer également, sans quoi, il m'en eût certainement parlé.

Chantecoq poursuivait :

— M. de Roscanvel a-t-il fait construire cette maison ou l'a-t-il achetée toute construite ?

— Oui, toute construite, répétait la jeune femme.

— Avait-elle été déjà habitée ?

— Oui, par son propriétaire.

— Pourriez-vous me dire son nom ?

— Le prince Rascolini.

— Attention, se dit Chantecoq, nous voilà dans le bon chemin.

Et il reprit à haute voix :

— M. de Roscanvel et vous-même, au moment de l'acquisition de cet immeuble, avez-vous été en rapports directs avec le prince Rascolini ?

— Non, monsieur ; le prince Rascolini venait d'avoir un accident... Il était hors d'état de recevoir personne, et encore moins de traiter une affaire. C'est son notaire et le nôtre qui se sont entendus. Mon mari et moi n'avons eu qu'à apposer notre signature sur les actes.

— Et la princesse Rascolini ?... interrogeait le limier.

La comtesse répliquait :

— Je sais seulement qu'elle existe mais de près, ni de loin, je ne l'ai jamais rencontrée.

— Le comte Robert non plus ?

— Pas davantage.

— Vous en êtes bien sûre ?

— Absolument. Je me souviens même qu'un jour, tandis que nous parlions, mon mari et moi, des anciens propriétaires de notre hôtel, mon mari s'est écrié : « Il paraît que la princesse Rascolini est une sainte...

Elle a d'autant plus de mérite qu'elle est, dit-on, d'une merveilleuse beauté.

— Vous rappelez-vous, madame, à quelle date M. de Roscanvel vous a tenu ce propos ?

Sans la moindre hésitation, la comtesse déclarait :

— La veille de notre dernier départ pour le Midi.

— Combien de temps avant le crime ?

— Trois semaines exactement.

— Bien ! ponctua Chantecoq avec gravité.

Comme il gardait le silence, Mme de Roscanvel, timidement, hasarda :

— Monsieur Chantecoq, je sais que vous n'aimez pas à être interrogé... mais d'après la question que vous me posez, je crois saisir que vous n'êtes pas sans soupçonner...

— Personne encore ! coupait nettement le détective... Je cherche à m'instruire...

Et rompant les chiens, il continua :

— Le plus pressé, pour l'instant, est de vous mettre hors des atteintes de M. Ribécourt.

— Vous croyez que je vais être arrêtée ?

— Je suis sûr, au contraire, que vous ne le serez pas.

— Après tout, s'écriait la jeune femme avec l'accent d'un subit désespoir... que l'on fasse de moi ce que l'on voudra.

— Qu'est-ce que j'entends !... faisait Chantecoq sur un ton de paternelle gronderie. Comment, vous que j'admirais hier pour votre fermeté, votre courage, votre cran, voilà qu'aujourd'hui, parce que deux inspecteurs de la Sûreté rôdent aux alentours, je vous trouve désemparée et même prête à toutes les folies.

— Je n'ai pas peur de la prison, et j'en arrive à me demander s'il ne vaudrait pas mieux renoncer à la lutte plutôt que de continuer à mener une existence de bête traquée, de malheureuse qui n'a plus un instant de répit ni un coin pour pleurer en paix sur son bonheur perdu et son honneur en miettes.

— Alors, reprochait avec bonté le détective, vous n'avez donc plus confiance en moi ?

— Oh ! si, monsieur Chantecoq.

— Je comprends que vous ayez hâte d'en finir, mais, hier, je vous ai loyalement prévenue que vous deviez vous armer de patience... Les questions que j'ai bien été forcé de vous poser... la filature dont vous êtes l'objet vous ont mis les nerfs à bout...

« Calmez-vous, je vous en prie... je ne puis rien vous dire encore de précis si ce n'est que j'ai déjà réuni quelques indices... que je tiens un bout du fil... Mais tout cela est encore trop vague pour que je vous donne des précisions.

« Je vous l'ai dit et je vous le répète, nous aurons à surmonter des obstacles difficiles, très difficiles même. Et ce n'est pas en vous laissant arrêter que vous arrangerez les choses.

« Il est indispensable, au contraire, que vous restiez libre. J'aurai certainement encore besoin de vous. Et puis, j'estime que c'est bien assez d'un innocent sous les verrous.

« Vous allez m'écouter, n'est-ce pas, madame ?... Il le faut !... Vous me parliez tout à l'heure de votre honneur en miettes... Votre honneur exige que toute la lumière soit faite !...

« Et puis, songez à celui qui s'est si héroïquement sacrifié. Nous avons à lutter autant et même encore plus pour lui que pour vous. C'est sa tête qui est en jeu... Je ne vous en dis pas davantage... Je lis dans vos yeux que nous sommes d'accord.

— Oui, monsieur Chantecoq, acquiesçait Marie-Thérèse en essuyant ses larmes.

— A la bonne heure !

— Je vous prie de me pardonner ce moment de défaillance.

— De grand cœur ! La seule chose, madame, que je vous demande, c'est de tenir jusqu'au bout... C'est la foi en la victoire qui fait les vainqueurs...

— Je vous promets que désormais je serai vaillante...

— Et que vous m'écouterez ?

— Comme un oracle !

— Ne m'en voulez pas si je vous mets tout de suite à l'épreuve.

Et sur un ton plein de décision calme et d'autorité bienveillante, Chantecoq poursuivit :

— Il est absolument indispensable que vous vous évadiez de cet abominable cercle de surveillance que le juge Ribécourt a organisé autour de vous.

« Votre présence étant signalée au Calme Abri, vous ne pouvez y demeurer plus longtemps.

— Je le regrette, déclarait Marie-Thérèse, car j'y avais été tellement bien reçue que je m'y serais plue infiniment...

— J'en suis sûr, concédait le détective... mais votre sécurité avant tout. Je vais donc vous prier de partir avec moi.

— Et ces agents qui me surveillent ?...

Montrant la valise qu'il avait déposée sur un canapé, Chantecoq expliquait :

— Je vous ai apporté là de quoi vous faire passer à leurs nez et à leurs moustaches sans qu'ils vous reconnaissent.

Et il précisa :

— C'est une robe de religieuse, avec sa coiffe, naturellement. Je vais vous conduire dans une retraite où je défie les plus malins de nos détectives officiels de vous découvrir et où vous pourrez attendre sous la protection d'amis sûrs, aussi sûrs que moi-même, l'heure de la justice et de la vérité.

— C'est entendu, monsieur Chantecoq, et je ne vous demanderai qu'une chose :

— Parlez !

— C'est de faire savoir à Julien Guéret que nous nous occupons de le sauver.

— Je vous le promets, madame.

— Je vous remercie, monsieur Chantecoq.

Et avec un profond soupir, Mme de Rossanvel ajouta :

— Il ne me reste plus qu'à endosser ce costume. Qui sait si je ne finirai pas mes jours sous une robe de bure... Ma vie est désormais brisée... Je n'ai plus rien à espérer ici-bas.

— Madame, reprenait le grand limier, il ne m'appartient pas de vous donner de conseils à ce sujet. Je suis un homme trop prudent, trop discret, pour me permettre de faire la moindre incursion dans un domaine qui ne m'appartient pas.

« Cependant, bien que je ne vous aie rencontrée qu'hier seulement, je crois vous connaître assez pour avoir, mieux que le droit, c'est-à-dire le devoir de vous affirmer que, moins que toute autre, vous devez vous laisser aller à un découragement, à un renoncement aussi excessifs.

« C'est un sujet que nous pourrons, un jour, traiter un peu plus longuement, si vous le désirez... mais pas aujourd'hui.

Et les narines frémissantes, comme s'il flairait déjà l'approche d'un danger, le grand limier s'écria :

— Avisons d'abord au plus pressé !

Et il appuya sur le bouton d'une sonnerie électrique placée à la droite d'une cheminée, tout en disant :

— Je crois qu'il est temps de filer. Aussi, je vous demande, madame, de bien vouloir monter dans votre chambre et de vous habiller en religieuse.

Léontine apparaissait. Chantecoq lui dit :

— Ma fille, voulez-vous prévenir Mme Derigny que j'ai quelque chose à lui dire.

— Oui, monsieur l'abbé.

La comtesse et la camériste quittèrent le salon.

Chantecoq s'en fut à la fenêtre. Sur le trottoir d'en face, un troisième personnage, qui appartenait à la même série que ceux qui étaient en observation devant le « Calme Abri », avait rejoint ceux-ci et leur parlait avec une certaine animation, tout en leur désignant par instants la pension de famille.

— On dirait, continuait Chantecoq, que

les événements vont se précipiter ! Eh bien, soit !

Mme Derigny entrait. Tout de suite, le détective la rejoignait en disant :

— Ma chère amie, je vous enlève Mme Fégréac.

— Déjà ?

— Il le faut !

En deux mots, voici : Cette femme, qui porte un très grand nom, est victime, à la fois, d'une dénonciation calomnieuse et de l'obstination aveugle d'un juge d'instruction atteint de cette incurable maladie qu'est la déformation professionnelle.

« Il veut à tout prix et à tort voir en elle une coupable.

« Cette malheureuse, — j'emploie ce mot à dessein, — s'est placée sous ma protection. J'entends la lui accorder pleine et entière. Elle le mérite, et son cas est vraiment des plus intéressants.

« La police l'a repérée, et son arrestation, si j'en juge certains symptômes qui ne sauraient me tromper, n'est plus qu'une question d'heures, de minutes peut-être.

« Tout à l'heure, je vais la faire filer d'ici déguisée en sœur de l'Evangile... J'ai choisi ce costume, car sa coiffe dissimule une partie du visage...

« En cas d'alerte, je suis le père Gardin, et cette dame est sœur Sainte-Magdeleine, ma nièce.

« Si, comme je le prévois, on vient pour arrêter ma protégée, c'est-à-dire la comtesse de Roscanvel...

— C'est donc elle !

— Parfaitement. Eh bien, ma chère amie, vous répondrez que jamais cette personne ne s'est présentée chez vous, du moins sous ce nom...

« Et si, comme cela est plus que probable, on vous montre sa photo, vous vous écrierez, avec toutes les marques de la plus profonde surprise :

— Je le reconnais, c'est elle, c'est bien elle qui est venue hier soir me demander une chambre sous le nom de Mme Fégréac... Mais elle n'a fait que passer la nuit sous mon toit, et elle est partie ce matin, après m'avoir réglé sa petite note.

« De cette façon, ma chère amie, vous ne risquerez aucun ennui, ni vous ni moi. Et, somme toute, vous n'aurez fait qu'une légère entorse à la vérité, ce qui est parfois nécessaire, surtout quand on veut sauver un innocent.

— C'est entendu, monsieur Chantecoq, vos instructions seront exécutées à la lettre.

Le bruit d'une auto s'arrêtant devant la porte, attira l'attention du limier.

Vite, il se rapprocha de la fenêtre, puis il grommela :

— Ça y est ! Pourvu que la comtesse soit prête !

D'un bond, il rejoignit Mme Derigny et lui parla à voix basse...

Par des hochements de tête successifs, Mme Derigny semblait acquiescer à chacune de ses paroles.

Une sonnerie vibra dans l'antichambre...

La propriétaire du « Calme Abri » se retira vivement, après avoir adressé au faux missionnaire un dernier signe d'intelligence.

Chantecoq, sous sa barbe, eut un sourire qui n'était pas exempt d'ironie...

Puis se frottant les mains, il fit :

— Rira bien qui rira le dernier.

Des voix s'élevaient dans l'antichambre... en un bruit de discussion subitement entamée.

Léontine, dominant le tumulte, piaillait :

— Puisque je vous dis que Madame est occupée et qu'elle cause dans le salon avec un monsieur prêtre.

Bourrue, cassante, une voix masculine martelait :

— Il n'y a pas de monsieur prêtre qui tienne... Je suis le commissaire de police et je veux parler tout de suite à votre patronne.

Chantecoq qui avait entre-bâillé la porte, l'ouvrait toute grande en disant :

— Entrez donc, monsieur le commissaire.

A la vue de cet ecclésiastique dont l'aspect vénérable eut imposé le respect au plus farouche des mécréants, le magistrat, subitement apaisé, enleva son chapeau et fit avec politesse :

— Monsieur l'abbé, excusez-moi de vous déranger.

Mais Chantecoq jouant son rôle en merveilleux comédien, insistait avec onction :

— Vous ne me dérangez nullement, monsieur le commissaire et je m'en voudrais d'apporter la moindre entrave à l'exercice de vos fonctions.

Et il insistait :

— Entrez donc, je vous en prie !

Et s'adressant aux deux agents en civil qui se profilaient dans l'antichambre, il ajouta :

— Vous aussi, messieurs... vous n'êtes pas de trop, au contraire.

Le commissaire et ses subordonnés ne pouvaient pas faire moins que de déférer à l'invitation de ce saint homme qui paraissait les dominer de tout l'ascendant de ses vertus.

Ils entrèrent tour à tour dans le salon... le chapeau à la main, mieux que corrects, déférents envers ce vieux missionnaire qui les accueillait avec une si cordiale amabilité.

Pourtant, le commissaire s'étonnait :

— Mme Derigny n'est pas là ?

— Elle est allée chercher ma nièce, sœur sainte Magdeleine, de l'ordre de l'Evangile, qui était venue passer quelques jours à Paris et que je vais reconduire à sa communauté de Brioude, dont je viens d'être nommé aumônier.

Et le détective qui cherchait à gagner du temps, continuait :

— Ce sont mes invalides ! Songez donc que j'ai près de quarante ans de colonies... C'est dur, c'est très dur... même lorsqu'on est animé de la foi ardente des apôtres... Et puis, la France est toujours la France... et quand on a échappé aux maladies, aux bêtes féroces, hommes ou animaux, et survécu au martyre, on a bien le droit de demander à la Providence la permission de s'en revenir passer dans son pays natal le peu de temps qui vous reste à vivre.

« Mais asseyez-vous donc, messieurs... Ici, je suis un peu comme chez moi... Je suis un très vieil ami de la famille Dérigny... Nous sommes même parents... Parents très éloignés. Mais nous ne nous sommes jamais perdus de vue.

Et Chantecoq parlait, parlait... prêt à raconter, au besoin, à ses interlocuteurs forcés toutes les histoires que sa fertile imagination pouvait lui inspirer.

Mais le commissaire de police commençait à s'impatienter... Il n'était pas venu pour écouter les palabres d'un vieux missionnaire légèrement radoteur, mais pour exécuter un mandat que, sur la demande du juge d'instruction Ribécourt, le parquet de la Seine lui avait ordonné d'exécuter.

Le détective s'en aperçut fort bien, et de son air paterne il reprit :

— Sans doute, monsieur le commissaire, êtes-vous pressé ?

— Très pressé, en effet, monsieur l'abbé.

— Eh bien, je vais aller chercher, moi-même, Mme Dérigny.

— Monsieur l'abbé vous êtes vraiment trop aimable, je puis encore attendre un peu.

— Si, si, j'y vais... insistait le madré compère, en se dirigeant vers la porte.

Mais celle-ci s'ouvrait, livrant passage à Mme Dérigny, qui, tout en simulant un vif étonnement, s'avançait vers le commissaire en disant :

— On m'a dit, monsieur, que vous désiriez me parler ?

— Parfaitement, madame.

— Un instant, vous permettez ?

Et se tournant vers Chantecoq elle fit de l'air le plus naturel du monde :

— Mon père, sœur sainte Magdeleine est prête et vous attend.

— Je vous remercie, je vais, de ce pas, la rejoindre.

Et le roi des détectives s'en fut en saluant.

— Monsieur le commissaire, monsieur les agents.

Comme il franchissait le seuil, le magistrat prenant un air sévère déclarait à Mme Dérigny :

— Madame, vous devez avoir chez vous une certaine comtesse de Roscanvel.

— Monsieur le commissaire, vous faites erreur, je n'ai aucune personne de ce nom.

— Vous en êtes sûre ?

— Absolument sûre.

— Cependant, des rapports de police nous affirment qu'elle a été vue hier après-midi pénétrant chez vous et qu'elle y a passé la nuit.

— C'est alors qu'elle s'est présentée et fait inscrire sous un faux nom. Voulez-vous que je vous communique mon livre ?

— C'est inutile.

Et sortant brusquement une photo de sa poche, le commissaire fit, en la plaçant sous les yeux de son interlocutrice :

— Reconnaissez-vous cette personne ?

— Parfaitement ! répliquait Mme Dérigny, avec les marques de la plus parfaite candeur.

« Elle se nomme Mme Fégréac.

— Non, madame ! tranchait net le magistrat. Elle s'appelle la comtesse de Roscanvel... et je suis chargé de l'arrêter sous l'inculpation d'assassinat.

Feignant une véritable épouvante, Mme Dérigny s'écriait :

— Que me dites-vous là, monsieur le commissaire ?... Comment, j'aurais reçu chez moi, abrité sous mon toit une criminelle ?

— Hé oui !

— Comment aurais-je pu soupçonner ?...

— Nul ne songe à vous incriminer, madame. Je ne vous demande qu'une chose : c'est de me mettre en présence de cette femme.

— C'est impossible, monsieur le commissaire.

— Pourquoi ?

— Elle est partie ce matin à neuf heures, après avoir soldé sa dépense.

Le magistrat eut un geste de désappointement, puis se raccrochant à une dernière espérance, il fit :

— Vous a-t-elle dit où elle se rendait ?

— Non, mais elle m'a demandé, si je recevais des lettres à son nom, de les réexpédier à Marseille, poste restante.

— Voilà un utile renseignement.

Et, se retournant vers les inspecteurs qui, penauds et déconfits, avaient écouté attentivement les déclarations de Mme Dérigny, il s'écria :

— Ah ! ça, vous autres, comment se fait-il que vous ayez laissé filer cette femme, dont on vous avait remis, pourtant, son signalement aussi exact que détaillé ?

L'un des inspecteurs répliquait :

— Monsieur le commissaire, je vous jure que mon ami et moi, depuis ce matin sept heures, nous n'avons pas cessé de surveiller toutes les allées et venues, toutes les entrées et les sorties des pensionnaires et fournisseurs du « Calme Abri ».

Son collègue appuyait !

— Et si la personne en question était partie, comme le dit madame, nous l'aurions tout de même repérée et prise en filature, ainsi que nous en avions l'ordre.

Perplexe, le commissaire demandait à Mme Dérigny, dont le visage avait conservé toute sa sérénité coutumière :

— Votre maison, madame, n'a-t-elle pas une autre issue ?

— Non, monsieur.

— Voilà qui est extraordinaire.

— Monsieur le commissaire, si vous ne me croyez pas, déclarait la directrice du « Calme Abri », vous pouvez toujours perquisitionner.

— C'est ce que je m'en vais faire, décidait le magistrat d'un air renfrogné.

— Je m'offre à vous guider moi-même.

— Eh bien, allons-y.

Et, s'adressant aux deux inspecteurs, il dit :

— Vous, Gilot, accompagnez-nous, et vous Lacoste, restez en observation devant la porte.

Au moment où ils allaient tous quitter le salon, Léontine apparaissait, tenant une lettre à la main.

— C'est pour vous, madame, fit-elle à Mⁿᵉ Dérigny en lui tendant la missive, sur laquelle on ne voyait ni timbre ni cachet de la poste.

Comme elle portait la mention : « urgente », la directrice du « Calme Abri » la décacheta aussitôt et la parcourut :

Puis, la tendant au commissaire, elle fit :
— Prenez.

Le représentant de la loi lut ce qui suit :

« Madame,

« Veuillez me pardonner si je vous ai quittée si brusquement ce matin, et si mon très bref séjour dans votre maison vous occasionne quelque ennui.

« Il m'eût été infiniment agréable de rester plus longtemps près de vous, mais, en butte aux persécutions d'une police qui veut absolument voir en moi une coupable, je me suis trouvée dans la nécessité de trouver une autre retraite, où je pourrai préparer en paix ma défense.

« Dès que la vérité aura triomphé, je me ferai, madame, un devoir et un plaisir de vous exprimer de vive voix toute ma sympathie.

« Comtesse Marie-Thérèse de ROSCANVEL,
« dite Jeanne FÉGRÉAC. »

Littéralement abasourdi, le commissaire tournait et retournait la lettre entre ses doigts, regardant successivement d'un œil méfiant et furieux, Mⁿᵉ Dérigny et les deux inspecteurs.

Pendant ce temps, le R. P. Gardin et sœur Sainte-Magdeleine filaient à toute allure, en taxi, dans la direction de Saint-Germain-en-Laye.

V

OÙ MÉTÉOR PROUVE QU'IL EST UN DIGNE-ÉLÈVE
DE SON MAITRE

Nos lectrices et nos lecteurs ne seront certainement pas fâchés que nous leur présentions directement la princesse Gemma Rascolini, personnage dont le nom est revenu déjà assez fréquemment sous notre plume, et qui joue un rôle si important dans le drame policier que nous a révélé notre ami Chantecoq.

Pénétrons donc sans plus tarder dans le superbe hôtel de la Chaussée de la Muette, qui sert d'écrin à la belle Impéria...

Il est onze heures du matin... La princesse est sur le point de quitter son cabinet de toilette où, aidée par sa cameriste, Suzanne, elle vient déterminer les minutieux apprêts de sa toilette.

Vêtue d'une robe de jour dont la sobre élégance fait valoir encore sa royale beauté, elle s'attarde un instant à se contempler devant une haute et large glace psyché, qui lui renvoie son image.

Un sourire étrangement voluptueux se dessine sur ses lèvres. Une flamme ardente s'allume dans son regard.

Celle que ses adorateurs invariablement éconduits ont surnommée la *Femme de Marbre* deviendrait-elle tout à coup la *Femme de Feu?*

Non ! Car elle reprend aussitôt son attitude de froideur, d'insensibilité souveraine et, sans même adresser un mot, un geste à sa femme de chambre Suzanne qui, adroitement et sans bruit commence à ranger les flacons de cristal contenant les parfums les plus subtils et les plus précieux, elle s'en va dans une pièce voisine qui, tant par sa disposition, sa décoration, son ameublement, tableaux, missels, livres d'heures qu'elle renferme, ressemble beaucoup plus à l'oratoire d'une noble abbesse de la Renaissance qu'au boudoir d'une grande dame moderne.

Mais elle ne fait que la traverser et s'engage dans une galerie, véritable salle de musée, où s'entassent d'admirables chefs-d'œuvres de la sculpture et de la peinture italiennes.

Après avoir jeté sur ces merveilles un rapide et orgueilleux coup d'œil, la princesse Rascolini se dirige vers un vestibule où s'amorce un large escalier à la rampe toute en fer forgé provenant de l'un de nos plus vieux châteaux de France.

Elle en descend lentement les marches avec cette allure d'instinctive majesté qu'elle mettrait les degrés d'un trône.

Elle arrive ainsi jusqu'à un second vestibule voûté aux colonnes en marbre rose et aux tables en mosaïque qui commande tout le rez-de-chaussée.

Trois grandes portes desservant les appartements dits de réception... la sollicitent. Elle n'en franchit aucune et en gagne une petite qui, pratiquée dans un coin obscur, à gauche de l'escalier, se confond avec la muraille.

Il lui suffit d'une simple poussée pour l'ouvrir... Alors elle entre dans une petite pièce dont l'aspect offre un contraste saisissant avec celles que nous venons de traverser en compagnie de la princesse...

On dirait le cabinet d'un homme d'affaires, fermé à tout souci d'art et exclusivement accaparé par le calcul des chiffres et des idées.

Les murs disparaissent entièrement sous des cartonniers. Derrière un bureau, style américain, un vaste coffre-fort dont la solide armature semble défier le savoir faire des plus hardis cambrioleurs. En face, deux fauteuils en cuir paraissent attendre les visiteurs.

Une fenêtre qui donne sur le jardin est garnie de barreaux autrement solides que ceux de bien des prisons et, détail assez curieux, la porte d'accès qui, vue de dehors, semble former une partie intégrale du mur, présente, quand elle est ouverte, une épaisseur métallique de dix centimètres qui, lorsqu'elle est fermée, doit rendre inaccessible ce véritable *blockhauss de business man* désireux de mettre à l'abri d'un coup de main les secrets ou les valeurs qu'il détient.

Après avoir refermé derrière elle l'unique battant de la porte, la princesse Rascolini qui paraît ignorer l'usage de toute clef se contente d'appuyer son pouce sur l'angle droit du bureau.

Aussitôt le cylindre se soulève de lui-même... Tout un courrier est là... une dizaine de lettres non décachetées, des journaux encore sous leurs bandes... Les journaux elle ne les regarde même pas... Elle les prend tels qu'ils sont et les jette dédaigneusement dans une corbeille...

Puis, s'armant d'un coupe papier, elle fend successivement toutes les enveloppes, en retire les lettres qu'elle déploie, parcourt les unes, lit les autres avec plus d'attention, mais toutefois sans que son visage perde un seul instant cette sérénité olympienne dont nous l'avons vue, tout à l'heure, se départir pendant quelques secondes.

Cela fait, la belle Impéria, qui ne semble nullement pressée de répondre à ses divers correspondants, replace méticuleusement les lettres dans leurs enveloppes respectives, les dépose dans un classeur adhérent au bureau et appuie sur le bouton d'une sonnerie électrique placée à portée de sa main.

Presque aussitôt la porte blindée s'ouvre... Un homme d'une trentaine d'années, grand, assez mince, très brun, la figure glabre, les yeux fuyants, les allures félines et l'air obséquieux, s'avança vers la belle Impéria.

Son complet noir prend sur lui l'aspect d'une livrée tant ce personnage révèle, dès le premier abord le *larbin* dans tout ce que ce mot peut avoir d'antipathique et de déplaisant.

— 56 —

En un mouvement bref, mécanique, qui démontre la souplesse de son échine, Marco s'incline devant la princesse.

Celle-ci lui demande d'un ton hautain :

— Comment va le prince ?

Le valet répond :

— La nuit a été très agitée. Mais en ce moment, son Excellence repose.

— Le docteur n'est pas encore venu ?

— Non, princesse... Il a téléphoné que retenu auprès d'un de ses clients gravement malade... il ne pourrait pas être ici avant midi.

Fronçant les sourcils, Gemma déclarait :

— Quand il se présentera, vous lui direz de ma part que la princesse Rascolini n'admet pas cette façon d'agir... Je le paie... et très cher... Par conséquent j'exige qu'il soit à ma disposition quand j'ai besoin de lui... non à ses heures... mais aux miennes...

« Quant à ses autres malades, je m'en moque... Qu'ils crèvent !

La belle Impéria avait prononcé ces derniers mots avec un accent de cruauté implacable.

Le maître d'hôtel n'en parut nullement surpris...

Un léger sourire erra sur ses lèvres trop minces.. Puis il reprit, d'un ton doucereux, insinuant :

— Madame la princesse a bien réfléchi ?

— A quoi ? sursauta la belle Impéria, visiblement choquée par cette manifestation familière.

— A l'ordre qu'elle vient de me donner, précisait Marco sans se départir de son attitude toute de respect et d'humilité.

— Ah ça ! gronda l'Italienne, est-ce que j'ai l'habitude de parler à tort et à travers ?

— Que madame la princesse m'excuse, reprenait le domestique, mais mon dévouement...

Il s'arrêta, comme s'il redoutait d'en avoir déjà trop dit.

— Votre dévouement, scandait Gemma, j'en connais l'étendue.

Marco, flatté, accentua son sourire, mais la Florentine continuait :

— Je sais qu'il est en proportion des bénéfices que vous en retirez et que, par conséquent, il est considérable.

« Mais je ne me doutais pas qu'il allait jusqu'à discuter mes instructions et à me donner des conseils.

— Madame la princesse interprète mal...

— Je devine très bien, au contraire, ce que vous voulez me dire... Que j'ai tort, n'est-ce pas, de renvoyer ce charlatan ?... Combien vous a-t-il donné pour que vous lui soyez attaché à ce point ?

— Madame la princesse, jamais le docteur Angelotti ne m'a honoré de la plus légère gratification.

— Allons donc !...

— Je le jure !...

— Je ne vous crois pas !

Marco eut ce mot cynique :

— Il aime trop l'argent pour cela.

Cette affirmation dut produire une certaine impression sur la princesse, car elle fit :

— Alors... pourquoi le défendez-vous ?

Le maître d'hôtel, tout en clignant les paupières, déclarait :

— Il est si commode.

La belle Impéria eut un imperceptible tressaillement.

— Si commode ? répéta-t-elle... Qu'entendez-vous par là ?

Marco répliquait, en prenant un air mystérieux :

— Je suppose qu'un soir, son Excellence ne puisse pas s'endormir parce qu'il est trop nerveux ou parce qu'il souffre d'une crise de douleurs trop violente, et que madame la princesse me donne l'ordre de doubler la dose de véronal ou de faire à son Excellence une piqûre de morphine supplémentaire.

— Eh bien ? ponctuait Gemma avec nervosité.

— J'obéirais tout de suite, affirmait le maître d'hôtel.. d'abord parce que *je ferai toujours ce que voudra madame la princesse*, puis, parce que ce serait vraiment une grande charité d'apaiser ou même *d'abréger* le supplice du véritable martyr qu'est son Excellence.

« Je suppose donc que le lendemain matin, son Excellence ne se réveille pas, en un mot, que je le trouve mort dans son lit.

— Ah ! ça, Marco, vous êtes fou !

Mais, Marco, imperturbablement, poursuivait :

— Avec le docteur Angelotti, rien à craindre... Tout se passerait le mieux du monde... Il déclarerait que le décès de son Excellence est des plus naturels, et ce n'est pas lui qui éveillerait les soupçons de son confrère de l'état civil... tandis qu'avec un autre, on ne sait jamais...

« Voilà pourquoi, tout à l'heure, lorsque madame la princesse m'a commandé de congédier, de sa part, le docteur Angelotti, je n'ai pas pu m'empêcher de manifester à madame la princesse mon étonnement et mes craintes.

— Alors, reprenait froidement la belle Impéria, vous me proposez froidement d'assassiner mon mari ?

— Pas de l'assassiner, rectifiait l'immonde gredin, de *le délivrer.*

— Vous êtes fou !

— Pas du tout, j'ai, au contraire, toute ma raison.

— Et vous osez vous offrir à moi, comme l'instrument d'un crime tellement abominable que je n'ose même pas y songer.

— Madame la princesse a bien tort de ne pas avoir confiance en moi.

Et sur un ton sous lequel perçait une sourde menace, l'Italien ajouta :

— Je croyais cependant lui avoir prouvé qu'elle pouvait compter, en tout et pour tout, sur mes services.

La belle Impéria considéra Marco d'un air beaucoup moins dédaigneux.

— Je sais, fit-elle, que vous êtes un excellent serviteur.

Le rusé coquin, profitant de l'avantage qu'il venait de remporter sur l'Italienne, surenchérissait avec une certaine hardiesse :

— Je suis même beaucoup plus dévoué que madame la princesse ne se l'imagine... et je n'ai pas oublié que le père de Madame, l'illustre comte Grambaldi, l'un des plus nobles seigneurs de Florence, m'avait fait recueillir lorsque j'étais orphelin, et ne cessa jamais de s'intéreser à moi.

« Que madame la princesse daigne se rappeler que lorsque son noble père est décédé à la suite d'un terrible accident de chasse, j'avais l'honneur d'être son premier valet de chambre, que j'ai assisté à ses derniers moments, et que j'étais là lorsqu'il a exhalé son dernier souffle, et que madame la princesse lui a fermé les yeux.

Simulant une émotion qu'il ne ressentait nullement, le maître d'hôtel poursuivait :

— Aussi, je me suis juré de rester toujours fidèlement attaché à madame la princesse.

« Madame la princesse a toujours été si bonne envers moi, que je lui ai voué une reconnaissance qui ne finira qu'avec moi-même.

« Voilà pourquoi, quand je vois madame la princesse condamnée, par son devoir, à passer les plus belles années de sa vie auprès d'un malade qui ne peut pas guérir, je me demande si ce devoir n'a pas des limites... et je l'avouerai à madame la princesse, à plusieurs reprises, j'ai eu la tentation, sans rien dire à personne...

— Taisez-vous, Marco !... interrompait sévèrement la belle Impéria...

— Madame la princesse est fâchée contre moi ? interrogeait le misérable en une attitude d'humilité servile.

Gemma se taisait... Le valet de chambre dardait sur elle un regard dans lequel flambait la lueur de tous les vices, de toutes les convoitises...

Comme le silence de la Florentine se prolongeait, Marco reprit d'une voix insidieuse :

— Que Madame la princesse m'excuse... mais le temps passe... Midi va bientôt sonner... Que devrai-je dire au docteur Angelotti quand il se présentera ?

La princesse Rascolini réfléchit pendant quelques secondes, puis elle fit :

— Vous le conduirez, comme de coutume, auprès du prince, et vous me préviendrez aussitôt.

Marco s'inclina et s'en fut.

Lorsqu'il eut disparu, Gemma, dont le splendide visage prit tout à coup une expression d'implacable cruauté, murmura entre ses dents :

— Ce drôle a peut-être raison... mais...

Une sonnerie de téléphone vibrait près d'elle... La princesse saisit le récepteur, l'approcha de son oreille et après avoir écouté la personne qui était à l'autre bout du fil, elle lança dans l'appareil :

— Vous dites M. Martigné-Ferchaud, de l'Institut ?... Ah ! oui, très bien... Je l'avais oublié... Faites-le monter dans la galerie, je vais le recevoir tout de suite.

La belle Impéria referma son bureau américain, puis se dirigea vers l'un des grands cartonniers placés contre la muraille... et appuya simplement l'index de sa main droite sur l'un des montants en acajou qui servaient de cadre à ce meuble imposant.

Elle dut certainement actionner un mécanisme invisible, car le cartonnier s'écarta, pivotant sur un axe, découvrant une ouverture assez large pour laisser un libre passage à une personne.

Gemma s'y engagea, tourna un commutateur qui commandait une lampe électrique destinée à éclairer un étroit escalier dont elle entreprit aussitôt l'ascension.

Après avoir gravi une cinquantaine de marches, elle se trouva en face d'une porte blindée semblable à celle qui donnait accès à son bureau du rez-de-chaussée. Elle la poussa et, toujours comme l'autre, celle-ci s'ouvrit aisément et sans bruit.

En une enjambée, la princesse Rascolini se trouva dans son oratoire, où elle reprit haleine... Ensuite, elle s'en fut dans la galerie retrouver le visiteur, c'est-à-dire Météor, qui, sous les traits du vieux savant, s'apprêtait à remplir la mission que Chantecoq lui avait assignée : se procurer quelques lignes de l'écriture de la princesse.

Météor se sentait à la fois très ému et très en forme.

Depuis un an qu'il était au service du célèbre détective, c'était la première fois que celui-ci le chargeait d'une besogne aussi délicate.

S'il réussissait, c'était l'affirmation définitive de ses aptitudes professionnelles aux yeux d'un maître qui s'y connaissait entre tous.

S'il échouait, c'était une diminution certaine de l'estime de celui qu'il s'efforçait chaque jour de prendre pour modèle, et, par conséquent, pour lui-même, une déception amère, un véritable crève-cœur.

Mais le jeune Météor, bien qu'il n'eût pas encore cette expérience qui ne peut s'acquérir qu'avec le temps, était trop imbu des principes *chantecoquiens* pour s'être embarqué dans une affaire aussi difficile sans y avoir pensé longuement et sans s'être tracé un programme que seules des circonstances imprévues pouvaient lui faire modifier.

Convaincu que l'esprit de réflexion doit être la première qualité d'un bon policier, il n'ignorait pas que celui-ci voit parfois ses plans les mieux étudiés, chambardés, bouleversés en un clin d'œil par des incidents subits, inattendus qui vous obligent aux improvisations immédiates et hardies.

Il se tenait donc prêt à toute éventualité.

La princesse Rascolini se présenta à lui sous son aspect habituel, c'est-à-dire en très grande dame, qui semblait incarner la plus mélancolique des fiertés.

En la voyant s'avancer, belle comme Vénus, orgueilleuse comme Junon, mystérieuse comme Minerve, Météor qui, par instents, avait tout du titi parisien, se gonfla instantanément les joues et songea, ébloui :

« Cristi de cristi ! La belle poule ! »

La Florentine, avec un léger accent italien qui donnait un charme de plus à sa voix, naturellement harmonieuse, attaquait :

— Mon cher maître, ne m'en voulez pas si je n'ai pas pu vous recevoir hier... J'avais toute ma journée prise...

« Aujourd'hui, c'est avec le plus vif plaisir que je me mets à votre entière disposition.

« Le prince Rascolini m'a priée de vous dire combien il regrettait de ne pouvoir vous faire lui-même les honneurs de sa collection.

« Je vais m'efforcer de le remplacer de mon mieux.

— Princesse, nasillait comiquement Météor, cette visite n'en aura pour moi que plus de prix.

— Veuillez donc m'accompagner, mon cher maître, invitait la grande dame...

A sa suite, Météor pénétra dans une seconde galerie, moins vaste que celle qu'il venait de quitter, mais qui, merveilleusement éclairée, recélait une double rangée de vitrines renfermant une des plus précieuses collections de médailles qui fût au monde.

Dès que la princesse apparut, un homme, à la silhouette toute de jeunesse et de force, qui, près d'une fenêtre, écrivait sur une petite table, se leva avec empressement.

— Asseyez-vous, Gabriele, fit la belle impéria avec douceur, et continuez à travailler, sans vous occuper de nous.

Ce personnage, dont le visage disparaissait aux trois quarts sous une sorte de masque noir qui ne laissait apparaître qu'un œil très beau et un coin de joue traversée par une profonde cicatrice, se rassit devant ses papiers et reprit docilement sa besogne.

Gemma glissa à l'oreille du faux numismate :

— C'est un blessé de la grande guerre... un mutilé de la face... Il descend d'une de nos plus anciennes familles italiennes... Il était pauvre, mais beau comme un dieu. Toutes les femmes de l'aristocratie romaine en raffolaient, et les jeunes filles se le disputaient en mariage.

« Un éclat d'obus a transformé son admirable visage en un objet d'effroi... Ce qui ajoute encore à l'horreur de sa situation, c'est qu'il a entièrement perdu l'usage de la parole.

— Le malheureux ! fit Météor.

— J'ai eu pitié de lui, reprenait la princesse, et je l'ai pris pour secrétaire. Je n'ai qu'à m'en féliciter. Sa terrible infortune n'a pas aigri son caractère ni atrophié son cœur... C'est un être exquis, très intelligent, très vibrant, très artiste.

« En ce moment, il refond le catalogue de notre collection... Il s'y connaît en tout : Peinture, sculpture, poésie, musique. C'est l'artiste intégral dans toute l'acception du mot.

« Non seulement il me rend les plus grands services, mais il m'aide encore à supporter une existence rendue si douloureuse par le mal incurable qui a abattu mon pauvre mari.

Météor écoutait son interlocutrice avec une attention de plus en plus captivée. Il se sentait, malgré lui, enveloppé par le fluide qui émanait de la belle Impéria, fluide tout de fascination, de sortilège, et il se disait :

— Pour que mon patron veuille, à tout prix, se procurer un échantillon de son écriture, il faut qu'il la soupçonne d'avoir trempé dans quelque vilenie... Eh bien, ce n'est pas possible, et je suis sûr que cette femme est incapable d'une mauvaise action.

Mais une voix intérieure lui murmurait :

— Attention, Météor, ne t'emballe pas ainsi. Tu sais bien que Chantecoq ne se trompe jamais.

« Ressaisis-toi, mon garçon... Tu es en train de glisser sur la pente. Prends garde de ne pas la savonner de tes propres mains.

Tandis qu'il se livrait à ses réflexions, la

princesse Rascolini, désignant une première vitrine à Météor, qui se moquait autant de ses médailles que de sa première dent de lait, commençait à expliquer au faux savant l'origine et la signification de ces pièces rares dont plusieurs, à elles seules, valaient une fortune.

Météor, qui était entièrement redevenu maître de ses esprits, feignait de les admirer avec une componction fervente.

Ayant acheté, la veille, sous les galeries de l'Odéon le *Manuel du parfait numismate*, et l'ayant potassé une partie de la nuit, il risquait de temps en temps une appréciation technique, tout en évitant avec soin la gaffe fatale qui eût risqué de le compromettre.

Tout, d'ailleurs, devait marcher suivant ses désirs, car de temps en temps, il se gonflait les joues sous son maquillage, ce qui signifiait non seulement qu'il avait l'âme sereine, mais encore et surtout qu'il se préparait à prononcer des paroles importantes.

La visite durait depuis dix minutes environ. Le pseudo-Martigné-Ferchaud, après s'être extasié devant plusieurs pièces uniques que la marquise avait sorties de leurs cages de verre, afin qu'il pût les contempler plus à son aise, s'arrêtait devant une vitrine dite celle des « Césars », et qui contenait la collection à peu près complète des médailles représentant les traits des empereurs romains.

— Splendide !... inouï ! sublime ! déclarait Météor.

Puis, désignant du doigt une pièce un peu rongée par le temps, mais sur laquelle on distinguait encore assez nettement le profil d'un guerrier aux longues moustaches, le faux membre de l'Institut s'exclamait :

— N'est-ce point la célèbre médaille dite de « Vercingétorix », dont il n'existe plus qu'un seul module, et qui a été frappée à l'occasion du triomphe de Jules César.

— Hélas non ! déclarait la princesse Rascolini. Le fameux Vercingétorix manque à notre collection.

— Quel dommage ! reprenait Météor, qui jouait son personnage à ravir.

Puis, il insinua :

— Sans doute figure-t-il dans quelque musée italien ?

— Non, mon cher maître, rectifiait la belle Impéria, le « Vercingétorix » en question se trouve à Paris.

— A Paris !... répétait le secrétaire de Chantecoq... à Paris ?

D'un air navré, il ajouta :

— Je l'ignorais... Décidément, princesse, je vais passer à vos yeux pour le dernier des pédants et des sots...

— On ne peut pas tout savoir... excusait aimablement la grande dame... D'autant plus que très peu de gens sont au courant.

Météor reprenait :

— Serais-je indiscret, princesse, en vous demandant quel est l'heureux détenteur d'un pareil trésor ?

— Le marquis della Sorrente.

— Le marquis habite Paris ?

— Il est attaché à l'ambassade d'Italie, et demeure 57, avenue d'Eylau.

— Que je serais heureux de contempler cette merveille.

— Je suis certaine que le marquis se fera un plaisir de vous la montrer.

— S'il pouvait m'autoriser à en prendre une photographie.

— Je ne vois pas pourquoi il vous refuserait. Sorrente est un homme délicieux...

— Vous le connaissez personnellement, princesse ?

— Sa femme est une de mes amies d'enfance, et nous avons conservé les meilleures relations.

Tout en prenant un air un peu confus, Météor, habilement, insinuait :

— Princesse, l'accueil si bienveillant que vous avez daigné réserver au modeste savant...

— Dites un grand maître.

— Non, princesse, au modeste savant que je suis, m'autorise à vous demander si vu vous serait pas possible de me donner une lettre d'introduction pour le marquis della Sorrente.

— Mon cher maître, vous n'avez pas besoin de lettre... Votre nom ne suffit-il pas à vous ouvrir toutes les portes?

— Princesse, je vous assure qu'un mot de vous me procurerait toutes les facilités dont j'ai besoin.

— Je suis toute prête à l'écrire.

— Je vous en garderai une reconnaissance infinie.

— Alors, retournons dans la galerie.

Elle s'en fut, suivie par Météor, qui, ravi du succès de son stratagème, parvenait cependant à dissimuler son allégresse.

Le mutilé de la face ne parut pas s'apercevoir du départ de la princesse et du faux savant.

Plongé dans son travail, il avait visiblement perdu tout notion de ce qui l'entourait.

Une fois dans la galerie, la belle Impéria s'installa devant une délicieuse table Louis XVI sur laquelle il y avait un très beau buvard armorié, un encrier en bronze doré et signé Caffiéri et digne de figurer parmi les œuvres d'art qui embellissent le musée du Louvre ou le palais de Versailles. Près de lui s'étalait un magnifique porte-plume en or massif dont les ciselures d'une finesse remarquables évoquaient la manière géniale d'un Benvenuto Cellini.

La princesse Gemma sortit du buvard une feuille de vélin sur laquelle elle traça les quelques lignes que le pseudo-Martigné-Ferchaud avait réclamées d'elle.

Après avoir séché l'écriture avec de la poudre d'or qu'elle avait prisé dans une boîte en vermeil, elle plia délicatement la feuille en deux et la glissa dans une large enveloppe sur laquelle elle avait transcrit l'adresse de l'attaché d'ambassade.

Remettant la missive à Météor, qui se confondait en remerciements, elle fit:

— Enchantée, mon cher maître, si j'ai réussi à vous être agréable.

Maintenant qu'il avait gagné la partie, Météor n'avait plus qu'un désir: prendre la poudre d'escampette.

La retraite allait lui être facilitée par l'entrée du maître d'hôtel Marco, qui venait annoncer à la princesse que M. le docteur Angelotti était arrivé.

— Excusez-moi, mon cher maître, faisait l'Italienne... Le prince ne va pas bien, et j'ai dû mander son médecin.

Le secrétaire de Chantecoq n'en demandait pas davantage.

Après s'être incliné devant la belle Impéria, il gagna la porte précédé par Marco, qui lui montra le chemin.

Quant à Gemma, elle se rendit aux appartements privés du prince, qui occupaient presque entièrement le deuxième étage de l'hôtel.

Dans une vaste chambre, aux lourdes tentures qui ne laissaient pénétrer qu'avarement la lumière du jour, sur un grand lit de milieu, un homme au visage pâle, émacié, aux rares cheveux déjà grisonnants, aux mains d'une maigreur excessive, était étendu, inerte, anéanti. Seuls quelques frémissements des lèvres, quelques légers mouvements des paupières et quelques palpitations des narines indiquaient que la mort qui rôdait aux alentours, n'avait pas encore transformé ce corps déchu en cadavre.

Le docteur Angelotti, debout près de lui, s'était emparé du poignet que le prince, plongé dans une demi-torpeur lui avait abandonné...

Trente-cinq ans à peine, d'une élégance subtile et même par trop raffinée, l'air beaucoup plus d'un danseur professionnel que d'un médecin, doué d'une beauté trop volontairement don juanesque, Angelotti méritait entièrement le surnom dont on l'avait gratifié dans les milieux mondains et demi-mondains où il exerçait sa double profession de thérapeute et de séducteur: *le miroir aux poules*.

Dès qu'il aperçut la belle Impéria, il quitta

brusquement son malade et accourut vers elle, et s'emparant de la main qu'elle lui tendait, main aussi belle que si elle avait été sculptée par l'immortel Canova, il y appuya ses lèvres un peu plus longtemps qu'il ne convenait à la princesse... car celle-ci en se dégageant :

— Cessez, Angelotti, fit-elle, d'un air mécontent, vous savez bien que j'ai horreur de ces jeux-là.

Avec un accent et une attitude dont l'obséquiosité égalaient presque celle du maître d'hôtel Marco, le médecin s'écriait :

— Je sais que vous êtes à la fois la plus pure et la plus divine des femmes... Mais, comment, en présence de tant de beauté et de charme... ne serait-on pas exposé à certaines tentations...

— Taisez-vous ! interrompait Gemma avec autorité... Vous allez encore dire des sottises... Parlez-moi plutôt de mon mari...

— *Povero !* soupira le docteur.

— Il est perdu, n'est-ce pas ?... murmura la princesse.

— Je ne dis pas cela, protestait Angelotti. Je suis même convaincu qu'il peut encore vivre de longues années.

— Vous me rassurez.

— A moins qu'il ne se produise un accident... réservait le praticien.

— Un accident... de quel genre ?

— Embolie... hémorragie cérébrale... Brusque arrêt du cœur... septicémie... que sais-je ! Le prince est, ce que l'on pourrait appeler un grand intoxiqué général. Tous ses organes sont plus ou moins gravement atteints.

— La moelle épinière surtout.

— Oui, mais il est doué, malgré tout, d'une vitalité extraordinaire qui lui permet de lutter contre les assauts qui, de toutes parts, ont assailli et assaillent encore son organisme... Il ne faut pas songer à le guérir... mais on peut le prolonger... et puisque vous le désirez, princesse, je m'efforcerai de le faire.

Se rapprochant du prince, qui paraissait absolument incapable de se rendre compte de ce qui se passait et se disait autour de lui, Angelotti reprenait :

— Pourtant, regardez-le !... Il n'a que trente-deux ans, et on dirait un vieillard...

« En dehors de quelques lueurs de moins en moins fréquentes, il vit dans les ténèbres morales et matérielles d'un abrutissement quasi permanent.

« Il ne peut plus agir... Il ne sait plus penser. Il n'a plus qu'une existence que je qualifierai de *minérale*... Mieux ne vaudrait-il pas pour lui, autant que pour ceux qui l'entourent, la paix éternelle du tombeau ?

— Prenez garde, observait la princesse.

— A quoi donc ? interrogeait le docteur.

— S'il vous entendait !

— C'est impossible !... En admettant qu'il perçoive encore les sons, il est incapable de comprendre le sens des mots.

— Le malheureux ! soupirait l'Italienne.

— Vous le plaignez ?

— De toute mon âme.

— Vous êtes héroïque.

— Pourquoi ?

— Il vous a tant fait souffrir.

— Cela me regarde seule.

— N'est-il pas l'artisan de sa propre ruine ?

— N'est-il pas puni plus gravement qu'il n'a péché ?

— Vous êtes la miséricorde même.

— Comme toute femme qui a beaucoup pleuré.

— Vous l'avez donc aimé ?

— Dites adoré ! Je lui dois une année de bonheur tel que je ne pensais pas qu'il fût possible sur terre.

« Son souvenir est comme une fleur séchée à travers les feuillets d'un livre de misère.

— Je ne puis, princesse, que m'incliner devant la noblesse d'un sentiment digne de la Rome antique.

Désireuse de donner un autre tour à la conversation, Gemma reprenait :

— En cas de crise aiguë, faut-il continuer les piqûres de morphine ?

— Je n'y vois aucun inconvénient... C'est toujours vous qui les faites vous-même ?

— Parfaitement, vous savez bien, Angelotti, que je me suis constituée l'infirmière de mon mari, et que pour rien au monde je ne voudrais que des mains mercenaires ne lui donnassent les soins que je suis heureuse de lui prodiguer.

« N'est-ce pas la meilleure consolation, le plus sûr dérivatif que je puisse apporter à mon isolement et à ma tristesse ?

Le docteur déclarait :

— Qui eût dit que la belle Impéria deviendrait un jour sœur de charité.

L'Italienne eut un sourire de mélancolie désabusée.

Angelotti reprenait :

— Vous m'en voulez toujours de m'être permis de vous exprimer aussi familièrement l'admiration profonde que vous m'inspiriez.

— Non, mon ami, répondait Gemma ! Je me suis fait une vie intérieure telle, que maintenant je suis insensible à tout.

— C'est effrayant !

— Pourquoi ?

— Parce qu'une femme telle que vous n'a pas le droit de s'imposer une claustration aussi implacable.

— Elle n'en fait que devancer une autre, affirmait lentement, gravement, la princesse.

— Que me dites-vous là ? s'exclamait le médecin.

— La vérité.

— Quoi ! vous songeriez...

— Retenez bien ce que je vais vous dire, Angelotti.

Et l'Italienne martela, avec l'accent d'une volonté inébranlable :

— Le jour où je me suis aperçue que mon mari ne m'aimait plus, ma vie a été brisée, finie...

« Je suis restée près de lui parce que je me berçais de l'inutile espérance... qu'il me rendrait son amour. ,

« Peut-être me serait-il revenu, si le mal ne l'avait pas terrassé.

« Alors, je me suis rivée à son chevet, c'est-à-dire à mon devoir. J'en serai l'esclave jusqu'au bout. ·

« Maintenant, retenez bien ceci... c'est une confidence que je n'ai faite qu'à de très rares amis.

« Je compte que, comme eux, vous le garderez pour vous.

— Je vous le jure,

— Le jour où mon mari disparaîtra, je disparaîtrai, moi aussi.

— Princesse !

— Ne vous effrayez pas ! Ce n'est pas à un suicide que je demanderai l'oubli... non... j'irai m'enfermer dans un monastère d'Espagne où je suis attendue, et nul ne saura jamais ce que je suis devenue.

Sincèrement troublé, le docteur demandait :

— Que vous ont dit les amis auxquels vous avez fait part de ce sinistre projet ?

— Ainsi que vous en avez l'intention, ils se sont efforcés de le combattre.

— Ils ont eu raison.

— Non, Angelotti... ils ont eu tort... Vivre parmi le monde, ce serait une condamnation au pire des supplices. Vivre, au contraire, en présence de Dieu, est l'apaisement de ma douleur, la fin de mes larmes, et rien, vous m'entendez, rien, ne me fera revenir sur ma décision.

Angelotti, comprenant qu'il ne ferait qu'irriter son interlocutrice en cherchant à la faire revenir sur sa résolution, et s'inclinant respectueusement devant elle, se contenta de dire :

— Quoi qu'il arrive, princesse, sachez qu'à n'importe quelle heure du jour et de la nuit, je suis et je resterai toujours à votre entière disposition.

— Je vous remercie, Angelotti.

Cette fois, l'Italienne ne lui offrit pas sa main à baiser, elle se contenta de sonner Marco et de lui donner l'ordre de reconduire le docteur.

Lorsqu'elle se retrouva seule en face du *mort vivant* qu'était son mari, l'expression de tristesse résignée qui était répandue sur les traits de la princesse s'effaça entièrement. Et le masque de la belle Impéria se fit tout de dureté et de cruauté féroces.

Ses yeux qui, un instant auparavant, s'embuaient de larmes qu'elle s'efforçait de refouler, s'allumèrent d'un feu de haine inexorable.

Sa bouche s'écarta en un rictus de colère qui ne demandait qu'à éclater. Et s'approchant du prince qui, hébété, momifié, la fixait de ses prunelles arrondies et stupides, elle fit d'une voix sifflante :

— M'entends-tu, Luigi... m'entends-tu ?...

L'Italienne, penchée au-dessus du prince, crut apercevoir un léger mouvement des cils, une imperceptible oscillation des paupières. Aprement, elle continuait :

— Tu m'entends... oui, tu m'entends... Peut-être as-tu entendu aussi ce qu'a dit tout à l'heure Angelotti... que tu pouvais vivre encore longtemps ainsi... loque ignoble, épave lamentable, hideux détritus, infâme déchet.

Et la sœur de charité devenue sœur de cruauté scandait atrocement :

— Je pourrais abréger ta torture... une dose de morphine ou de véronal un peu trop forte suffirait...

« Personne ne me soupçonnerait... Et quand bien même découvrirait-on que j'ai hâté ta fin... qui pourrait m'en vouloir, en songeant à ce que tu étais ?

« Quel tribunal aurait le courage de me condamner, puisque c'est à deux tortures, autant à la tienne qu'à la mienne que j'aurais mis fin ?

« Mais rassure-toi, va, malgré tout, tu tiens encore à la vie, si tu gardes au fond de toi l'imbécile espérance que tu reviendras un jour à la santé.

« Non, je ne te tuerai pas !... Je veux encore me repaître de tes souffrances et en même temps te souffleter de mon mépris et de ma haine.

« Je veux pouvoir te crier pendant de longs jours encore :

« Luigi, tu ne m'as pas blessée dans mon amour, car je ne t'ai jamais aimé, mais tu m'as atteinte dans mon orgueil, ce qui est pire !...

« Eh bien, aujourd'hui que tes vices t'ont cloué, masse inerte sur ce lit que tu ne quittes que pour la petite voiture de gâteux qui te promène dans les allées de ton jardin, moi, ta femme, moi la dédaignée, l'oubliée, l'outragée, je prends ma revanche, et quelle revanche !...

« J'ai un amant ! et quel amant !! un être d'une beauté admirable, qui m'adore aussi éperdument que je l'adore lui-même... un amant qui est là, dans cette maison, qui vit sans cesse près de moi... qui passe ses nuits avec moi... dans ma chambre... au-dessous de la tienne, si bien que tu peux entendre, dans le silence nocturne, dans la solitude de ton écrasement, monter jusqu'à toi les cris de passion qui s'envolent de nos bouches pâmées.

« Hein... Sylvio... suis-je bien vengée ?...

Après avoir enveloppé d'un dernier regard effroyable le prince dont les yeux brillaient maintenant de lueurs étranges et intermittentes, la belle Impéria s'éloigna, à reculons, comme pour mieux savourer l'effroyable spectacle que lui offrait celui dont, à son tour, elle avait fait une victime.

Lorsqu'elle eut disparu, laissant après elle le sillage d'un parfum grisant, Sylvio Rascolini, toujours immobile, desserra ses lèvres minces, et décolorées... Ses mâchoires serrées se détendirent, sa bouche s'entr'ouvrit, formant un trou béant d'où bientôt s'exhala un râle prolongé tandis que sa poitrine se soulevait lentement avec effort et que les lueurs des yeux se précisaient, se fixaient, s'intensifiaient, transformées bientôt en éclairs de haine.

Alors... un mot... rien qu'un seul... une injure tout imprégnée d'un relent de ruisseau s'évada de ce corps qu'on eût dit déjà prêt pour le cercueil :

— Garce !...

. . . .
. . . .

La princesse parcourait la galerie du premier étage, se dirigeant vers ses appartements, lorsque son secrétaire, Gabriele d'Orvieto, s'avança vers elle.

Bien qu'il fût impossible, sous le masque qui dissimulait presque entièrement son visage de se rendre compte de sa physionomie, il était facile de deviner, rien qu'à sa démarche et à son attitude qu'il était en proie à une vive anxiété.

— Gemma, fit-il à voix basse, il se passe quelque chose de très grave.

— Quoi donc? interrogeait l'Italienne.

— Tout à l'heure, lorsque vous avez quitté le cabinet des médailles, j'ai été pris d'un soupçon subit.

— A quel propos ?...

— Ce Martigné-Ferchaud ?

— Le vieux savant?

— Oui.

— Eh bien?

— J'ai eu l'impression... ou plutôt l'intuition que vous aviez affaire à un imposteur.

— Allons donc !

— Parfaitement ! et je ne me trompais pas...

« Afin d'en avoir le cœur net, j'ai immédiatement téléphoné à ce membre de l'Institut. Malheureusement, je n'ai pas obtenu immédiatement la communication ; ce n'est qu'au bout de dix minutes que j'ai pu avoir M. Martigné-Ferchaud au bout du fil.

— Et alors ?

— Alors... cet honorable personnage m'a certifié qu'il n'avait pas quitté son domicile de toute la matinée et que, par conséquent, il n'aurait pu se trouver à onze heures chez la princesse Ruscolini.

Fronçant les sourcils, la princesse s'écriait :

— Qui donc aurait eu l'audace de se présenter chez moi à sa place ?

Gravement, le mutilé répliquait :

— Celui, parbleu, qui s'est donné à tâche de faire éclater l'innocence de Jules Guérel.

— Chantecoq ?

— Lui-même.

— Alors, selon vous, ce serait lui qui, tout à l'heure, se serait présenté à moi sous les traits de ce numismate ?

— Lui ou un de ses agents ?

— Dans quel but ?

— Celui, ainsi qu'il l'a fait, de vous extorquer quelques lignes de votre écriture.

— Pourquoi ?

— Pour les comparer à celles qu'il possède déjà.

— Mais...

Gabriele d'Orvieto reprenait d'un ton sarcastique :

— Je vous avais pourtant prévenue qu'on ne bravait pas impunément un tel homme.

L'air vexé plutôt qu'effrayé, la belle Impéria reprenait :

— Quelle preuve a-t-il contre moi ?

— Aucune encore, déclarait le grand mutilé... mais au train où vont les choses, il ne tardera pas à s'en procurer.

— Je l'en défie !

— Gemma ! Gemma ! reprochait Gabriele, pourquoi avez-vous commis une telle imprudence ?... Pourquoi avez-vous ainsi provoqué ce redoutable détective, qui n'eût certainement jamais pensé à vous, si, comme je vous le conseillais, vous aviez gardé le silence?

« Cédant à votre nature impulsive, orgueilleuse, vous avez attiré sur votre tête un orage qui ne demandait qu'à éclater ailleurs.

— Tout n'est pas perdu ! observait la belle

Impéria, qui, au lieu de se révolter contre les reproches que lui adressait son secrétaire, commençait à perdre quelque peu de sa superbe.

— Sans doute, admettait le mutilé, mais tout est sérieusement compromis...

« Vous ne connaissez pas Chantecoq ; je ne saurais trop vous le répéter, c'est un adversaire devant lequel il faut se dérober au lieu de lui tenir tête.

« Vous aviez cru l'intimider une première fois en lui adressant, malgré moi, une lettre tapée à la machine.

« Ainsi que je l'avais prévu, vous n'avez réussi qu'à stimuler son ardeur.

« Je vous ai alors adjurée de rester tranquille... vous ne m'avez pas écoutée et, au lieu de lui loger, comme je le voulais, une balle dans le cœur ou la cervelle, vous lui **avez écrit**, *de votre main*, cette fois, une lettre de provocation dont il n'a pu que sourire.

« N'avais-je pas raison lorsque je voulais vous empêcher d'accomplir ce geste aussi dangereux qu'inutile ?

« Maintenant, en effet, Chantecoq possède un double spécimen de votre écriture... Il va les comparer, et comme il ne manquera pas, bien que vous ayez pris soin de contrefaire celle de la lettre qu'il a trouvée rue Henri-Heine, de découvrir entre elles d'inévitables analogies, il en tirera des conclusions fort graves, puisqu'elles sont capables de le conduire sur une bonne piste et de nous attirer, à tous deux, des désagréments incalculables.

A ces paroles, prononcées sur un ton mesuré, mais qui n'en était pas moins celui d'un réquisitoire, la princesse Rascolini répondait presque timidement :

— Je crois que vous exagérez.

— Non ! affirmait Gabriele avec force... J'estime même que le moment est venu de réaliser la promesse que vous m'avez faite.

L'Italienne tressaillit.

Sans paraître remarquer son trouble, Orvieto poursuivait :

— N'ai-je pas tenu la mienne ?

— Vous en plaignez-vous ? lançait Gemma avec fougue.

Avec un calme parfait, le mutilé posait :

— Là n'est pas la question. Par crainte ou par sadisme, — les deux peut-être, — vous vous obstinez à reculer de jour en jour une décision qui, vous me l'avez formellement déclaré, devait être immédiate.

« Si, comme vous en aviez pris l'engagement envers moi, vous aviez mis, suivant votre piquant euphémisme, « un terme aux souffrances de votre mari », aujourd'hui, dégagés de toute entrave, libérés de toute servitude, nous aurions pu déjà réaliser notre rêve...

« Nous serions où vous savez... c'est-à-dire évadés de cette geôle infernale qu'est le monde moderne, souverains radieux de cette île heureuse vers laquelle, depuis de longues semaines déjà, nous aurions dû voguer...

« Au lieu de cela, nous sommes toujours ici... Vous, jouant le rôle d'infirmière auprès d'un époux qu'à bon droit vous abominez... moi... remplissant celui d'un mutilé de guerre, obligé de cacher son visage à tous et jouant au long des jours une comédie absurde, odieuse, insupportable.

Toute frémissante de passion, la belle Impéria martelait :

— Tu oublies donc nos nuits de volupté et d'extase ?

— Non ! répliquait Gabriele, mais je me demande, en m'endormant, si, le matin, nous n'allons pas être réveillés par la police.

« Allons, Gemma, avouez que vous vous êtes montrée bien imprudente.

Enervée, Gemma s'écriait :

— Pourquoi ne m'avez-vous pas avertie plus tôt de vos soupçons ?... Pourquoi ne m'avez-vous pas dit que, sous ce Martigné-Ferchaud, vous aviez flairé un ennemi ?... Nous aurions pu faire courir après lui, le rattraper, lui reprendre ma lettre.

— Je vous l'ai dit, ripostait le secrétaire, je n'ai pas eu tout de suite la communication téléphonique et, quand j'ai voulu vous prévenir, notre homme avait filé et était déjà loin.

Tout en piaffant, l'Italienne martelait :

— Il faut, à tout prix, reprendre cette lettre à Chantecoq.

— Impossible ! D'abord, il est trop tard... Et puis, ne vous figurez pas que celui qu'on a si justement surnommé le roi des détectives est homme à se laisser dépouiller d'un document aussi précieux.

— Alors, que faire ? interrompait la princesse, qui, maintenant que sa morgue était tombée, commençait à donner les premiers signes d'une certaine frayeur.

— *Réaliser !* prononça avec force Gabriele.

— C'est-à-dire... précisait la belle Impéria.

Elle s'arrêta... Son regard avait rencontré celui de son amant... Il ne leur en fallait pas davantage, à l'un et à l'autre, pour se comprendre.

La grande porte de la galerie s'ouvrait... et Marco, le maître d'hôtel, annonçait d'une voix cérémonieuse :

— Madame la princesse est servie.

— Allons déjeuner, monsieur d'Orvieto, fit Gemma, en reprenant son air de déesse.

Comme elle passait devant Marco, elle lui dit d'un air détaché :

— Le docteur Angelotti a trouvé le prince fort mal... Il redoute pour la nuit prochaine une crise terrible.

Et lentement, en appuyant sur chaque mot, elle fit :

— Aussi, vous pourrez, ce soir, doubler la dose de morphine.

— Bien, madame la princesse, fit le misérable.

Et comme le mutilé passait à son tour devant le domestique, il lui glissa à l'oreille :

— Cette fois, Marco, ta fortune est faite.

VI

OÙ MÉTÉOR TRIOMPHE ET... OÙ CHANTECOQ FAIT UNE IMPORTANTE TROUVAILLE

Bien que Chantecoq eût une grande confiance en Météor, qui, depuis un an qu'il était à son service, lui avait donné de grandes preuves de dévouement, d'intelligence et même d'initiative, le détective n'en était pas moins anxieux de savoir comment son jeune collaborateur s'était acquitté de la mission qui lui avait été confiée.

Or, à midi tapant, au moment où le brave Gautrais venait lui dire que le déjeuner était servi, Météor, toujours camouflé en vieux savant, se présentait devant lui, et après s'être gonflé les joues, déclarait sur un ton de satisfaction évidente et de fierté justifiée :

— Patron, ça y est ! J'ai gagné le coquetier.

— Alors, s'écriait le grand limier, tu me rapportes...

— Une lettre de la main de la princesse, que j'ai l'honneur de déposer entre vos mains.

Météor remit l'enveloppe à Chantecoq, qui, enchanté lui aussi, s'écriait :

— Bravo, petit... ça, c'est bien !... Va vite te déshabiller et reprendre ta physionomie habituelle, je vais dire à Gautrais de mettre ton couvert en face du mien.

— Patron, rougit le jeune secrétaire, sous son maquillage, patron, vous m'invitez à déjeuner ?

— Je t'invite.

— Comme un jour de fête !

— N'est-ce pas jour de fête, puisque tu as remporté un vrai succès ?

— Patron, vous me comblez !

— Va, dépêche-toi... Car si tu lui fais « attacher » son navarin aux pommes.

Marie-Jeanne te maudira, et elle aura raison.

Météor s'était déjà volatilisé. Dix minutes après, pendant lesquelles Chantecoq avait croqué quelques hors-d'œuvre, Météor réapparaissait à l'état naturel... et se mettait à table.

— Maintenant, invitait le policier, raconte-moi comment cela s'est passé.

Tout en faisant honneur au simple mais excellent repas que son maître l'avait convié à partager avec lui, le jeune secrétaire fit à ce dernier le récit exact et détaillé de son entrevue avec la princesse Rascolini.

Quand il eut terminé, le roi des détectives reprit :

— Je ne puis que te complimenter très chaudement... Tu as très bien manœuvré... Je t'avais laissé la bride sur le cou... car je voulais me rendre compte de ton savoir-faire. La réussite est là. Elle a été rapide et complète. Je ne pouvais pas espérer mieux.

— Pourtant, patron, déclarait Météor, nullement grisé par ces premiers éloges, en y réfléchissant, j'ai l'impression d'avoir commis une gaffe.

— Ah! tu crois! soulignait Chantecoq, avec un malicieux sourire.

Et il ajouta finement :

— Il ne me déplaît nullement de te voir faire toi-même la critique de tes propres opérations... Cela prouve que tu n'es pas un vaniteux.

« Maintenant, je t'écoute.

Météor se gonfla les joues, puis laissa échapper :

— Patron, ma gaffe, selon moi, consiste en ceci : m'être mis dans la peau, ou, plus justement, avoir endossé la personnalité d'un homme connu tel que M. Martigné-Ferchaud.

« Vous me comprenez, n'est-ce pas, patron ?

— Va toujours.

— Je suppose une chose : c'est qu'un jour la princesse Rascolini se trouve en présence du vrai Martigné, qu'elle lui parle de sa visite... et que celui-ci lui jure ses grands dieux qu'il n'a jamais mis les pieds chez elle.

Météor s'arrêta.

— Continue... continue... pressait le détective, qui semblait beaucoup s'amuser.

— Autre éventualité encore plus grave, poursuivait l'apprenti-limier...

« Voyez-vous qu'une fois parti, la princesse ait eu des soupçons... qu'elle ait téléphoné au papa Ferchaud !...

— Et après ? coupait Chantecoq.

— Mais, patron, ce serait un désastre.

— Ah ! tu crois ?

— Mais oui.

— Eh bien, petit, tu commets une vaste erreur... que je te pardonne, en raison de ton succès de ce matin, et... de ton inexpérience...

« Crois-tu donc que moi aussi je ne m'étais pas fait cette objection, que tu viens de t'adresser un peu tardivement ?

« Est-ce que tu t'imagines, si je l'avais considérée comme dangereuse, que je l'aurais laissé partir en mission, accoutré de la sorte ? Allons donc !

« Il se peut fort bien, ainsi que tu le redoutes, que la princesse évente, ou ait même déjà éventé la mèche.

« Qu'est-ce que ça peut nous faire, puisque nous avons sa lettre, et que je m'en vais une fois de plus démontrer la véracité de l'ancien dicton qui prétend qu'avec quelques lignes de son écriture, on peut perdre un homme, et à plus forte raison une femme !

« Quand bien même saurait-elle que c'est moi qui l'ai fait tomber dans un piège où elle a si bien donné tête baissée, j'en serais très content, d'abord, parce que cela prouverait à cette étrange personne que je n'ai pas peur d'elle... ensuite, parce qu'elle se sentirait pas encore traquée, mais tout de même menacée et qu'elle ne manquerait pas de commettre quelque imprudence, dont, je n'ai pas besoin de te le dire, je saurais profiter.

« Tu vois donc que ta critique n'était nullement fondée.

— Patron, admirait Météor, vous êtes un super-as... Avec vous, on est toujours sûr d'apprendre quelque chose d'intéressant... Vous écouter, c'est s'instruire.

— A ton tour de parler... encourageait le détective.

— A moi, patron... s'exclamait Météor, mais je n'ai plus rien à vous dire, j'ai vidé tout mon sac.

— Erreur, petit ! grave erreur ! scandait le grand limier.

« Et tout ce que tu as observé là-bas ?... Car je suis certain que tu n'auras pas manqué l'occasion d'examiner, sans en avoir l'air, et cependant avec la plus grande attention, l'aspect des lieux ainsi que l'attitude de ceux qui les habitent.

— Patron, déclarait l'élève détective avec franchise, j'aime mieux vous avouer que j'étais tellement préoccupé de ma mission, que je n'ai guère eu le loisir de me livrer à des observations qui, je le reconnais, auraient été fort intéressantes.

« Je ne suis pas encore, comme vous, *un Argus à cent yeux divers, dont le théâtre est l'univers...*

— Rassure-toi, petit, cela viendra.

— Tout ce que je puis vous raconter à ce sujet, patron, vous le connaissez aussi bien et même mieux que moi. Je ne vous apprendrai donc rien de neuf en vous disant que la princesse Rascolini est une femme superbe... qui vous a une paire de « mirettes » à faire damner un saint, que l'hôtel où elle demeure est certainement l'un des plus beaux et des plus somptueux de Paris, que sa collection de médailles, bien que je ne sois guère expert en la matière, m'a paru de tout premier ordre, et qu'à elle seule la galerie où la princesse m'a reçu contient pour plusieurs millions d'objets d'art : tableaux, sculptures, meubles, bibelots, tels que ne sont pas capables de rassembler tous les antiquaires de France et d'Italie.

— Quel effet a produit sur toi la belle Impéria ? interrogeait brusquement le roi des détectives.

Météor se gonfla les joues, puis répliqua :

— L'effet d'une déesse que l'on voudrait bien voir descendre de son olympe et vous rendre une petite visite entre minuit et une heure du matin.

— C'est un point de vue très naturel de la part d'un garçon de ton âge, émettait Chantecoq, qui savait, lorsqu'il le voulait, être un merveilleux pince-sans-rire.

Et, flegmatiquement, il ajouta :

— Cependant, je m'attendais à mieux de ta part.

Piqué au vif, Météor, qui ne se laissait jamais prendre au dépourvu, ripostait :

— Ce n'est qu'une première impression, patron. La princesse m'en a inspiré d'autres et d'ordre tout à fait différent, qui, je m'empresse de vous l'affirmer, ont immédiatement détruit celle que je viens de vous révéler.

— J'aime mieux cela.

Météor poursuivait :

— Mon premier choc, une fois amorti par la nécessité de ne pas me laisser détourner une seule minute de mon devoir professionnel, j'ai commencé, suivant vos principes, à l'abri de mes lunettes, à rechercher, tout en parlant, le regard de mon interlocutrice, et j'ai noté, sous sa douceur volontaire, une flamme qui n'était pas précisément celle de la droiture et de la bonté.

— Bien.

— J'ai remarqué également que le masque de renoncement mélancolique et d'abnégation conjugale dont elle s'affublait n'était pas suffisamment collé à son visage pour dissimuler les ressauts d'un orgueil considérable et les impatiences d'un tempérament excessif.

— De mieux en mieux... Ensuite ?

— C'est tout, patron.

— Tu es sûr ?

— Oui, patron.

— Je parie que non.

— Je vous assure...

— Est-ce que tu as vu Marco ?

— Le maître d'hôtel ?

— Oui.

— Oui, patron... Ce n'est pas lui qui m'a ouvert, mais c'est lui qui m'a reconduit.

— Et la femme de chambre ?

— Pas plus de Suzanne que de poils dans le creux de ma main.

— Et le prince Rascolini ?

— Invisible ! mais sa noble épouse ne m'a pas caché qu'il était très malade, et elle m'a même quitté pour aller retrouver le médecin, qui venait d'arriver.

— Tu n'as pas recueilli, au passage, d'autres détails ?

— Non, patron.

— Repéré d'autres personnages ?

— Non, patron... c'est-à-dire que si.

— Tu vois bien... Allons, dis-moi vite ce que tu as vu.

Le temps de gonfler ses joues et Météor reprenait :

— Le secrétaire de la princesse.

— Elle a donc un secrétaire ?

— Oui, patron, un Italien nommé Gabriele d'Orvieto, un fils de famille ruiné, et, par-dessus le marché, grand blessé de guerre, mutilé de la face... Et il a dû être sérieusement amoché, car il a le visage entièrement recouvert d'une sorte de masque. C'est à peine si on lui voit un quart d'œil, un morceau de joue et un bout d'oreille.

Chantecoq, visiblement intéressé, s'écriait :

— Et tu prétendais que tu n'avais plus rien à me dire... Mais voilà, petit, mieux qu'un détail, un fait que je qualifierai de capital.

— Ça, patron, je ne me doutais pas...

— Tu vas voir. Mais encore une question : Où était-il, ce secrétaire ?

— Dans le cabinet aux médailles.

— Que faisait-il ?

— Il travaillait à un catalogue.

— La princesse avait-elle l'air de le traiter en inférieur ?

— Pas du tout. J'ai même observé que, lorsque ses yeux se fixaient sur lui, leur expression devenait instantanément bienveillante et s'imprégnait même d'une certaine tendresse.

— Voilà qui est parfait ! s'écriait Chantecoq.

« Aussitôt après déjeuner, tu vas filer à la préfecture de Police, tu demanderas au service des étrangers le pedigree de ce Gabriele d'Orvieto et tu me le rapporteras avec ta vélocité coutumière.

— Entendu, patron !

Et, radieux, le roi des détectives s'écria :

— Je donnerais bien ma tête à couper que ce Gabriele ne s'appelle pas plus d'Orvieto que je ne m'appelle Fanfan la Tulipe ou Ratapoil, qu'il n'est pas plus mutilé de la face que toi et moi, mais qu'il est l'amant de la belle Impéria, de la vertueuse princesse, et qu'il est aussi... Mais n'anticipons pas !

« Avale ton café, Météor... Nous avons à travailler chacun de notre côté et si je ne me suis pas trompé dans mes déductions, ce qui m'étonnerait fort, je crois que nous pouvons marquer cette journée d'un caillou blanc.

D'un trait, Météor absorba le restant du breuvage succulent et parfumé et, d'une voix pleine d'ardeur juvénile, il fit, en se levant de table :

— Patron, au revoir et à tout à l'heure.

— Encore tous mes compliments, fit Chantecoq, en lui tendant la main.

Tout en la serrant avec déférence, le jeune secrétaire s'écriait :

— Jamais, patron, je ne vous dirai assez combien je suis heureux et fier de travailler sous vos ordres.

Chantecoq voulut lui donner une tape amicale sur la joue, mais Météor avait déjà disparu dans l'antichambre.

Avec un bon sourire, le roi des détectives murmura :

— Je suis tranquille sur son sort, il fera

son chemin... Il ira même très loin. Tant mieux ! C'est un si brave enfant !

Et il retourna dans son studio.

Son premier geste fut de se rendre à son coffre-fort, d'en retirer le papier buvard et la lettre qu'il avait rapportée de la rue Henri-Heine et de les étaler sur sa table de travail.

Tirant de sa poche la missive que son secrétaire lui avait remise avant le déjeuner, il allait se livrer à un travail de comparaison extrêmement minutieux entre cette lettre et les deux autres documents, lorsqu'on frappa à sa porte.

— Entrez ! fit-il d'un air un peu agacé, car il n'aimait guère à être distrait, surtout lorsqu'il avait une besogne aussi délicate à accomplir.

La silhouette de Gautrais se profila sur le seuil.

— Patron, fit l'excellent garçon, excusez-moi de vous déranger... C'est une dame qui demande à vous parler.

Chantecoq jeta un rapide coup d'œil sur son bloc-notes...

Puis il fit :

— Je n'ai aucun rendez-vous pour cet après-midi et je suis bien occupé... Priez cette dame de m'écrire l'objet de sa visite, et je lui fixerai une heure, mais... un autre jour.

Gautrais reprenait :

— Cette personne m'a dit qu'elle avait un mot à vous remettre de la part de M. Bellegarde.

— Alors, c'est différent. Si Jacques m'envoie quelqu'un, ce n'est certainement pas pour me faire perdre mon temps.

Et, tout en serrant vivement ses papiers dans le tiroir central de sa table, il ordonna :

— Gautrais, fais entrer cette dame.

Quelques secondes après, la visiteuse pénétrait dans le bureau de Chantecoq.

C'était une femme d'une cinquantaine d'années, vêtue de noir, et d'une distinction parfaite. Son visage, ravagé par une douleur qui devait être aussi récente que profonde, portait les vestiges d'une rare beauté.

Chantecoq se leva et fit, en lui désignant un siège :

— Madame, soyez la bienvenue.

L'inconnue lui tendit une lettre dont le limier prit aussitôt connaissance.

Elle était ainsi conçue :

« Mon cher beau-père,

« Je me permets de vous adresser Mme Kérénot, veuve de mon confrère et ami qui fut pendant de si longues années mon collègue au *Petit Parisien*. Mme Kérénot vous dira elle-même l'objet de sa démarche... Je vous connais assez pour être sûr que votre excellent cœur sera vivement ému par l'infortune de cette pauvre femme que sa très digne existence et les hautes qualités morales rendent respectable entre toutes.

« Je vous remercie d'avance de ce que vous voudrez bien faire pour elle.

« Si vous n'êtes pas trop occupé, nous viendrons ce soir, Colette et moi, passer quelques instants, après dîner, avec vous.

« En affection grande,

« Jacques Bellegarde. »

Sa lecture terminée, Chantecoq fit aussitôt :

— Venant de la part de mon gendre, vous ne pouvez, madame, qu'être ici la bienvenue.

« J'ai d'ailleurs connu votre mari. C'était un journaliste de grand talent, doublé d'un parfait honnête homme.

« Croyez que, en souvenir de lui, je serai très heureux d'obliger celle qui a été pour lui une si admirable compagne.

— Monsieur, reprenait Mme Kérénot, d'une voix que l'émotion faisait un peu trembler, M. Bellegarde m'avait prédit que je trouverais auprès de vous un très réconfortant accueil.

« Je m'aperçois qu'il ne s'était pas

trompé... Je lui en suis, ainsi qu'à vous-même, extrêmement reconnaissante.

— Que puis-je faire pour vous, madame? interrogeait le détective.

— Monsieur Chantecoq, reprenait la visiteuse, vous avez devant vous une femme très malheureuse, et qui paie très cher les années de clair et simple bonheur qui ont été interrompues par la mort du meilleur des maris.

« Du jour où j'ai eu le déchirement de perdre celui qui m'avait rendue si heureuse, j'ai connu toutes les tristesses, toutes les angoisses, toutes les amertumes.

« Mais je ne veux pas vous importuner avec des plaintes... Je sais, monsieur Chantecoq, que vous êtes un homme dont le temps est infiniment précieux et avec lequel il faut aller droit au but. J'y arrive.

« J'ai un fils, âgé de vingt-huit ans. Depuis le 3 janvier dernier, il a disparu...

« Sur ma demande, la police a fait des recherches... Elles ont été exécutées très sérieusement, j'en ai la preuve absolue... Hélas ! elles sont demeurées infructueuses, et je viens vous prier, monsieur Chantecoq, sur le conseil de M. Bellegarde, de bien vouloir m'aider à retrouver mon fils.

— En principe, madame, j'accepte.

— Merci.

— Mais, avant tout, j'ai besoin de certains renseignements.

— Monsieur Chantecoq, reprenait Mme Kérénot, voici d'abord une photo de mon pauvre Raymond.

Elle tendit un portrait carte-album au limier, qui l'examina aussitôt avec une persistante attention.

Raymond Kérénot était un très beau garçon, dont le complet veston, de bonne coupe, faisait valoir la structure d'athlète souple et élégante...

Un sportif à coup sûr... mais un sportif mondain avant tout, et qui devait fréquenter au moins aussi assidûment les dancings en vogue que les courts de tennis.

Le regard était provocant jusqu'à l'insolence... la bouche sensuelle, ironique et dédaigneuse... le menton volontaire...

« Bien qu'il dût inspirer mieux que de l'intérêt à une certaine catégorie de femmes, pour lesquelles le muscle c'est l'homme, il se dégageait de son image une impression fâcheuse... inquiétante même, qui, du premier coup d'œil, le rendait antipathique au point d'inspirer une immédiate méfiance...

Chantecoq, imperturbable, demanda à Mme Kérénot :

— Vous dites, madame, que M. votre fils est âgé de vingt-huit ans ?

— Oui, monsieur. Voici d'ailleurs une note que je vous ai préparée, et qui, mieux que je ne saurais le faire de vive voix, vous mettra au courant de l'existence de mon malheureux enfant.

Chantecoq saisit le document que lui tendait la pauvre femme.

Il était ainsi rédigé :

« Raymond-Charles-Etienne Kérénot, né à Paris, le 2 janvier 1900, a fait des études assez médiocres au lycée Carnot... S'est même fait renvoyer pendant la guerre, peu de temps avant de passer son premier baccalauréat... Est entré comme employé dans une grande agence de vente d'automobiles, avenue des Champs-Elysées... N'y est resté que quelques mois...

« Passionné de sport, s'est fait coureur cycliste, a remporté quelques prix... Service militaire à Nancy. A la suite d'un refus d'obéissance, condamné à un an de prison... Rentré à Paris, se refuse nettement tout effort suivi, à tout travail sérieux.

« A la suite d'une violente discussion avec son père, rompt entièrement avec sa famille, qui apprend bientôt qu'il s'est fait engager comme danseur dans un établissement de nuit à Montmartre...

« Resté trois ans sans donner signe de vie aux siens.

« A la mort de M. Kérénot père, aux trois

quarts usé par deux ans de guerre et deux ans et demi de captivité dans un camp de représailles de la Prusse orientale, Raymond reparaît alors, assiste aux obsèques de son père, réclame sa part d'héritage... une cinquantaine de mille francs, et repart de nouveau, monte un cabaret de nuit aux alentours de la place Pigalle, en société avec un Italien qui s'enfuit au bout de trois semaines avec la caisse.

« Faillite, poursuites judiciaires, menace d'arrestation.

« Mme Kérénot paie les dettes de son fils. Celui-ci jure de s'amender en travaillant et cherche, ou fait semblant de chercher une place.

« Il annonce un jour à sa mère qu'il est nommé administrateur général d'un établissement qui vient de s'ouvrir auprès de Bois-Colombes... sous le titre de « Palais des Sports ».

« Sa situation, cette fois, semble sérieuse et même brillante... Il demeure dans un rez-de-chaussée de l'avenue Henri-Martin, dont le loyer est de dix mille francs par an, et qu'il a fait meubler très luxueusement... Il a même une belle auto... Il mène la vie à grandes guides, fréquente les grands restaurants, dépense sans compter...

« De temps en temps, il vient rendre de brèves visites à sa mère, à laquelle il a rendu les sommes que celle-ci avait déboursées pour lui...

« Il lui déclare qu'il brasse de très grosses affaires, qu'il est sur le chemin de la fortune, qu'il est ravi, enchanté...

« Mme Kérénot le croit et s'en réjouit.

« Puis, brusquement, après le jour de l'an, où il est venu voir sa mère, il disparaît...

« Au bout de huit jours, Mme Kérénot commence à s'inquiéter. Elle téléphone rue Henri-Martin. On lui affirme qu'on ne répond pas.

« Mme Kérénot se rend chez son fils... La concierge lui déclare qu'il est parti depuis le 3 janvier, en auto, pour une destination inconnue... et qu'elle ne l'a pas revu.

« Mme Kérénot se transporte au Palais des Sports... Là, elle éprouve une pénible surprise... On lui déclare, en effet, que Raymond Kérénot n'a jamais, à aucun titre, appartenu à l'administration de cet établissement...

« Pourquoi a-t-il menti à sa mère ? Par quels moyens se procurait-il l'argent considérable que nécessitait son train d'existence ?

« Mme Kérénot, qui, malgré tout, a conservé pour son fils une tendresse maternelle profonde, fait elle-même une première enquête, qui ne lui donne aucun résultat.

« Pour tous, amis, aussi bien que fournisseurs, l'existence de Raymond Kérénot est un mystère et l'origine de ses ressources demeure inexplicable.

« Mme Kérénot, de plus en plus angoissée, parvient à se faire remettre par le concierge, qui faisait son ménage, les clefs de son appartement.

« Elle espère trouver dans les papiers de son fils quelques indices qui lui permettront de reconstituer sa vie et peut-être aussi de retrouver sa trace.

« Mais une nouvelle surprise attend la mère du disparu.

En pénétrant dans la garçonnière de la rue Henri-Martin, elle constate que celle-ci a été cambriolée.

« Les serrures de tous les tiroirs des armoires, des commodes, des tables, ont été forcées... On a tout visité, fouillé... Les matelas, les traversins, les oreillers, jusqu'au sommier, ont été éventrés... Toute correspondance a disparu. Impossible même de découvrir un livre de comptes.

« La frayeur de Mme Kérénot redouble... Elle se demande avec terreur si son fils n'a pas été assassiné.

« Elle s'adresse au procureur de la République, qui ordonne une enquête... Mais, depuis trois mois, toutes les recherches ont été vaines.

« L'opinion de l'inspecteur Ménardier, chargé de retrouver Raymond Kérénot, est que celui-ci a dû être attiré dans un guet-apens et assassiné. »

Là se terminaient les notes que Mme Kérénot avait remises à Chantecoq.

Après avoir guetté en vain sur le visage du détective les impressions que lui causait la lecture de ces lignes si émouvantes dans leur sincérité, la pauvre femme reprenait avec effort :

— Vous devez penser, monsieur, combien il m'en coûte d'étaler devant vous toute la triste existence de cet enfant si malheureusement dévoyé...

« Mais puisque je vous demandais de retrouver mon fils, j'étais dans la stricte obligation, si pénible fût-elle, de vous dire toute la vérité.

« D'ailleurs, je savais que vous êtes le tombeau des secrets et cela m'a donné le courage nécessaire pour écrire ces phrases, qui ne sont pas le réquisitoire d'une mère contre son fils, mais l'exposé loyal et complet de la réalité.

« Raymond, ainsi que le prétend l'inspecteur Ménardier, a-t-il été assassiné ?

« Je ne puis accepter une éventualité aussi épouvantable. Je refuse de m'y arrêter... Je l'aime toujours, monsieur Chantecoq, c'est mon fils, n'est-ce pas ? Mon fils unique !... Je suis seule au monde !... toute seule !... J'avais toujours l'illusion qu'une fois sa gourme jetée, Raymond comprendrait la nécessité d'une vie rangée.

« J'en étais même arrivée à croire que c'était fait, que cette aisance affichée par lui était due à son labeur... Quel effondrement !

« Monsieur Chantecoq, vous êtes ma dernière espérance... Mais ai-je le droit d'espérer ? N'est-ce pas plutôt M. Ménardier qui a raison ?... Oh ! tout plutôt que cette abominable incertitude.

« Si on l'a tué, qu'on me le prouve... S'il est vivant, qu'on me le rende !

Mme Kérénot avait proféré ces dernières phrases avec un accent si déchirant que Chantecoq s'en sentit profondément ému.

Désireux de prouver sur-le-champ à cette mère en larmes combien il compatissait à sa souffrance, il reprit, avec le ton de la plus délicate bonté :

— Bien que je sois pris en ce moment par plusieurs et surtout par une affaire du plus haut intérêt, et d'une extrême urgence, je tiens à vous déclarer, madame, qu'à partir de ce moment, je prends en main les recherches que vous me demandez d'effectuer, et que je ne les cesserai que lorsque j'aurai obtenu une solution décisive.

« Cette solution, quelle sera-t-elle ? Je ne puis pas le prévoir encore. Mais bien que je ne sois encore en possession que des données que vous venez de me fournir et qui, malgré leur précision, sont insuffisantes pour que je me fasse une opinion et que je formule même une hypothèse, je crois pouvoir vous affirmer que vous serez fixée dans un délai relativement rapproché.

« Je ne voudrais pas porter sur l'inspecteur Ménardier un jugement défavorable, je le connais et je l'estime beaucoup pour son entregent, sa hardiesse, son courage et son activité. Il a à son tableau de chasse un très joli lot d'assassins et de voleurs. Il a rendu et il rendra encore de très nombreux services, mais il manque un peu de psychologie. Et il en faut beaucoup dans une affaire du genre de celle que vous me confiez.

« A priori, en effet, la disparition de votre fils ne peut s'expliquer que de deux manières : fugue... ou meurtre.

Et tout en reprenant la photo de Raymond Kérénot et en la fixant attentivement, il fit :

— Si ce jeune homme avait été attiré dans un guet-apens par des bandits qui voulaient le dévaliser, en un mot, s'il s'agissait d'un crime dit « crapuleux », Ménardier, j'en suis certain, aurait déjà débrouillé le mystère... c'est sa spécialité, et sur ce terrain il est imbattable.

« A mon avis, dans le cas présent, jamais

le vieux principe : « Cherchez la femme » n'a été plus vrai. C'est donc de ce côté que je vais commencer par orienter mes premières investigations.

Chantecoq prit un temps, puis il déclara :

— Madame, je voudrais vous poser une question qui va sans doute heurter votre âme si maternelle... mais c'est la première qui me vient à l'esprit ; et, malgré ma répugnance à vous attrister davantage, j'estime cependant qu'il est de mon devoir de vous l'adresser.

— Parlez, monsieur, invitait Mme Kérénot. Tout plutôt que le doute, oui, tout !

— L'inspecteur Ménardier a dû, à coup sûr, s'occuper de la vie privée de votre fils ?

— Oui, monsieur.

— Et reconstituer, par conséquent, ses liaisons passées et présentes ?

— Parfaitement ! Je dois dire qu'elles ont été multiples. Mais M. Ménardier m'a déclaré formellement que ce n'était pas de ce côté qu'il fallait chercher.

— Naturellement, puisqu'il s'est mis en tête qu'il s'agissait d'un crime crapuleux.

— Alors, selon vous, monsieur Chantecoq, il s'agirait d'un crime passionnel ?

— Je ne suis pas si affirmatif, madame, et j'ignore même s'il y a eu assassinat.

« Ce qu'il importe avant tout de savoir, c'est d'où votre fils tirait les ressources dont il avait besoin pour faire face à ses coûteuses dépenses.

— Monsieur, fit amèrement la mère... moi je le sais !

Et, en un geste de détresse et de honte, elle se cacha la tête entre les mains.

Respectueux de cette immense douleur, Chantecoq gardait le silence, n'osant plus interroger cette mère qui, pour retrouver son fils, ou plutôt pour apprendre dans quelle lamentable histoire, dans quelle sinistre aventure il avait définitivement sombré, disparu, se trouvait dans l'atroce obligation d'étaler devant lui toutes ses tares... tous ses vices... toute son infamie.

Mais, se raidissant contre l'accablement momentané qui l'avait abattue, Mme Kérénot releva le front, et, courageusement, reprit :

— Monsieur Chantecoq, pardonnez-moi cet instant de défaillance, mais ce qui me reste à vous révéler est tellement épouvantable, que j'hésite à parler...

« C'est mon fils, n'est-ce pas !... Alors, pensez... se dire surtout... qu'il a été capable d'une action aussi vile, aussi basse... cela me bouleverse.

— Calmez-vous, madame, conseillait le détective... Et dites-vous que vous êtes en face d'un confesseur *laïc*, mais tout aussi respectueux des secrets qu'on lui confie qu'un confident *sacerdotal*.

— J'en suis persuadée, monsieur Chantecoq, et je suis non moins convaincue de la nécessité que vous soyez au courant de tout. Aussi, ne vais-je rien vous dissimuler.

« Voilà !... mon fils était l'amant d'une femme très riche...

Mme Kérénot s'arrêta, suffoquée par les sanglots.

Mais vaillamment, elle voulut continuer...

D'un geste plein de déférente bienveillance, Chantecoq, désireux d'abréger son supplice, l'arrêta, et fit aussitôt :

— Connaissez-vous le nom de cette femme ?

— Non, monsieur.

— Avez-vous quelque soupçon ?

— Aucun.

— Alors... pardonnez-moi d'insister...

— Je vous en prie...

— Comment avez-vous pu apprendre cela ?

— Le premier de l'an dernier, mon fils vint me souhaiter la bonne année. Il était devenu en effet très gentil avec moi, et si ses visites n'étaient pas très fréquentes, il se montrait toujours à mon égard plein de prévenances, d'attentions et me faisait même de nombreux cadeaux... qu'aujourd'hui je rougis d'avoir acceptés.

« Mais comment aurais-je pu en soupçonner la source ?

« Ce jour-là, Raymond fut envers moi
plus affectueux qu'il ne l'avait jamais été.
Il resta même à déjeuner, et s'en fut ensuite
à la cuisine, porter une gratification à la
vieille bonne Françoise, qui l'avait connu
tout petit.

« Il me quitta après m'avoir embrassée
tendrement, et même avec une certaine émotion. si bien que, souvent, je me suis demandé s'il n'avait pas eu à ce moment
l'intuition qu'il ne me reverrait plus jamais.

« Moi-même, j'éprouvais de son départ
une très grande tristesse... Les pressentiments. il ne faut pas chercher à les expliquer... on les subit, voilà tout... et ce n'est
pas la première fois que je me suis aperçue
qu'ils n'étaient pas toujours trompeurs.

« Je me retirai dans mon salon et j'ad-
mirai les très belles roses que Raymond
m'avait apportées, lorsque Françoise arriva,
une enveloppe décachetée à la main.

« — Madame, me dit-elle... je viens de
trouver ça dans ma cuisine, après que
M. Raymond a été parti. C'est une lettre
qu'il a sans doute laissée échapper de son
portefeuille. lorsqu'il m'a remis un billet de
cinquante francs. »

« Je saisis l'enveloppe, je regardai l'a-
dresse... dont l'écriture était nettement féminine, et sans prendre connaissance de
son contenu, je l'enfermai dans mon secrétaire, me promettant bien de la remettre à
mon fils dès qu'il reviendrait me voir.

« Plusieurs jours s'étant passés sans que
j'eusse de lui la moindre nouvelle, je me
rendis chez lui, ainsi que je vous l'ai raconté
tout à l'heure.

« Sa mystérieuse disparition, compliquée
des déclarations fausses qu'il m'avait faites
sur sa situation, m'incitèrent à prendre connaissance de la lettre que Françoise m'avait
remise. Elle ne portait aucune signature,
mais elle était conçue en de tels termes qu'il
m'était impossible de garder la moindre illusion sur la déchéance morale de mon fils.

« Cette lettre révélatrice, monsieur Chantecoq, la voilà.

« Peut-être vous apportera-t-elle un indice, vous mettra-t-elle sur le chemin de la
vérité...

Tout en s'emparant de la missive, le détective interrogeait :

— L'inspecteur Ménardier a-t-il eu ce document entre les mains ?

— Non, monsieur, répondit catégorique-
ment Mᵐᵉ Kérénot.

— Alors, il est excusable d'avoir fait
fausse route, déclarait le grand limier.

La pauvre femme reprenait :

— Je reconnais que j'ai eu tort de ne pas
lui montrer cette lettre, mais n'étais-je pas
excusable ?

« N'est-il rien de plus affreux pour une
mère que d'être contrainte de salir la réputation de son enfant ?

« Et puis. par la force même de la loi, la
police officielle n'est-elle pas astreinte à étaler au grand jour les secrets les mieux ca-
chés. les hontes les plus inconnues ?

« La presse s'en empare... Comment pour-
rait-on le lui reprocher ?... Son rôle n'est-il
pas de renseigner le public ?

« Femme de journaliste, je n'ai pas le
droit de lui en vouloir, ni de l'en blâmer...
mais je frémissais à l'idée que toute cette
misère allait être étalée au grand jour. que,
dans ce *Petit Parisien* où le grand honnête
homme qu'était mon mari avait pendant de
si longues années publié de si beaux articles,
le nom de mon fils allait être livré à l'indignation des lecteurs.

« Je regrettai alors d'avoir prévenu la police... dès que j'avais découvert que l'appartement de mon fils avait été cambriolé...

« Car, si j'avais lu plus tôt cette lettre,
j'aurais peut-être gardé le silence... Et pourtant... une insatiable curiosité me poussait,
me pousse encore à tout savoir.

« Je me cramponne à l'espoir que mon fils
est toujours vivant... et que, moralement,

merveilleusement, il est encore temps de le sauver.

« Voilà pourquoi, monsieur Chantecoq, je
n'oublierai jamais ce que vous consentez à
faire pour moi ! Je ne suis pas riche... mais...

— Madame, je vous en prie, interrompit
Chantecoq, laissez-moi vous dire qu'il ne
saurait y avoir aucune question d'argent entre vous et moi.

« Vous êtes la veuve d'un homme que j'estimais infiniment. Je n'ai pas oublié qu'à
plusieurs reprises, dans ses si remarquables
articles sur la police officielle et privée, il
avait cité mon nom, et l'avait accompagné
d'éloges auxquels je fus d'autant plus sensible qu'ils étaient sincères.

« Et puis, vous m'êtes envoyée par mon
cher Jacques Bellegarde, qui est pour moi
plus qu'un gendre, c'est-à-dire un ami.

« Enfin, — et maintenant c'est le détective qui parle et je crois qu'il a un peu voix
au chapitre, — l'affaire que vous m'apportez
m'intéresse vivement, et c'est encore moi,
madame, qui suis votre obligé. »

— Je vois, monsieur Chantecoq, déclarait
Mme Kérénot, que votre délicatesse est l'égale
de votre talent.

« Mais je ne veux pas abuser plus longtemps de vos instants. Je vous laisse cette
photo et cette lettre.

— Je vais l'examiner à la loupe et au
microscope, déclarait le grand limier, et soyez-en sûre, madame, c'est elle
qui nous donnera la clef du mystère.

Et, devinant ce que pensait son interlocutrice, sans doute, formuler, il ajouta :

— Inutile de vous affirmer, madame, que,
quel que soit le résultat de l'enquête à laquelle je vais me livrer, il demeurera toujours votre secret et le mien.

— Je suis tout à fait rassurée.

— Je n'ose trop vous le promettre, car,
ainsi que je vous l'ai dit, il s'agit là d'une
affaire très grave, qui demandera beaucoup de temps... mais soyez sans inquiétude,
je pourrai les deux de front.

« Dans l'une il s'agit de sauver un innocent, dans l'autre j'ai à rechercher un coupable.

« Il faut donc aller vite, et ça ne traînera
pas, je vous le jure.

Après avoir encore remercié le détective,
Mme Kérénot s'en fut, sinon rassérénée, mais
moins angoissée.

Dès qu'elle eut pris congé de lui, Chantecoq retira de l'enveloppe la lettre révélatrice.

A peine y avait-il jeté les yeux, qu'il
s'écriait :

— Ah ! ça par exemple ! c'est un peu
fort !

Vite, il reprenait dans le tiroir où il
avait serrées la lettre découverte par lui rue
Henri-Heine et celle que Kérénot venait de
lui apporter. Il se livrait aussitôt à un examen de comparaisons qui ne fit que le confirmer dans son impression première.

L'écriture des trois messages,
férente, révélait certains signes particuliers
qu'un graphologue ordinaire n'eût pas
que de remarquer.

Or, Chantecoq était passé maître en cet art,
et pour lui, il n'y avait pas l'ombre d'un
doute : *c'était la même main qui avait tracé
les trois messages, c'est-à-dire celle de
Gemma Buscolini.*

Enchanté de cette découverte sensationnelle, le roi des détectives s'écriait :

— Maintenant, belle princesse, je vais te
prouver que, si trop parler cuit, trop écrire
nuit.

Et il ajouta :

— Décidément, plus que jamais, je vois
que les vieux proverbes ont du bon,
qu'un bienfait n'est jamais perdu.

« Si j'avais envoyé promener cette brave
Mme Kérénot, je n'aurais pas
mon cette lettre, qui va peut-être
la clef de cette énigme
mystère du train bleu.

« Mon flair ma dit
lettres ne

qu'est-ce qu'il peut bien y avoir là-dessous ?...

« C'est égal, mon gendre ne m'a pas fait perdre mon temps en m'envoyant cette brave dame.

« Décidément, s'il y a un hasard pour les policiers officiels, il y a une Providence pour les détectives privés.

« Mais ce n'est pas tout... L'heure tourne, Chantecoq, tu as assez chanté... Travaille et tais-toi.

« Voyons d'abord un peu ce que la princesse Rascouloff écrivait à Raymond Kérénot.

Et Chantecoq lut ce qui suit :

« Mon aimé,

« Il faut que je te gronde... doucement... mais avec fermeté... Tu m'avais promis de ne plus toucher à une carte, et te voilà contraint de m'avouer que tu as encore fait une différence de cinquante mille francs avant-hier au cercle des *Sports réunis*, et que cette perte a complètement absorbé tes disponibilités.

« ... peux pas te laisser dans l'embarras... t'enverrai le chèque que tu me demandes. Mais sache bien, si grand soit mon amour pour toi, que c'est le dernier sacrifice de ce genre que je te consens.

« Je veux, plus que jamais, que tu aies la vie heureuse et facile... voilà pourquoi j'exige que tu rompes définitivement avec des habitudes qui ne tarderaient pas à dégénérer en une passion capable de te conduire aux pires extrémités...

« Tout, plutôt que de te voir persévérer dans une... mauvaise voie.

« J'espère que tu liras entre ces lignes ce que je ne puis t'écrire et qu'après avoir réfléchi, tu comprendras qu'il est grand temps pour toi de devenir ce que je veux que tu sois.

« À toi malgré tout. —

« *Ton amie très triste.* »

Chantecoq murmura :

— Voilà une lettre qui va me permettre de reconstituer pas mal de faits et aussi pas mal de choses.

« Voyons d'abord le cachet de la poste.

Le limier saisit l'enveloppe et regarda.

Le cachet, assez visible, indiquait que la lettre avait été jetée à la boîte le 26 décembre, au bureau de la place de la Bourse.

Chantecoq pensa :

« Je commence à voir clair dans cette histoire, qui me semble à présent beaucoup moins embrouillée que je ne l'avais crue tout d'abord. Raymond Kérénot était l'amant, comment dirais-je bien... l'amant intéressé et peu intéressant de la princesse.

« À la menace déguisée, mais suffisamment transparente que la belle Impéria lui a faite de lui couper les vivres s'il persévérait à taquiner la dame de pique, le non moins beau Raymond aura riposté par une tentative de chantage, et cette Italienne, qui a peut-être dans les veines du sang de Lucrèce Borgia ou tout au moins des *Médicis*, y aura répondu en faisant supprimer radicalement son... comment dirais-je... son pensionné.

« Ce qui donne une grande solidité à mon raisonnement, c'est que l'appartement du jeune Kérénot a été mis à sac, que tous les papiers que détenait son propriétaire ont disparu et que si celui-ci n'avait pas laissé tomber dans la cuisine de sa maman cette lettre si importante, il ne serait pas resté la moindre trace d'une liaison qui a dû être aussi secrète pour tous, que coûteuse pour la princesse et profitable pour le... eh ! belle... disons le mot... pour le gigolo.

« Donc, dès à présent, il est nettement établi que la belle Impéria, loin d'être l'épouse martyre, la sainte résignée qu'elle veut se faire passer aux yeux du monde, est pire qu'une personne peu recommandable, c'est-à-dire une gueuse parfaitement capable d'un crime et même de plusieurs.

« Une femme de son rang, de la situation, qui dégringole aussi bas, et parvient à tromper ses turpitudes sous des dehors aussi trompeurs, n'est-elle pas capable de tout?

« En tout cas, j'ai contre elle une arme formidable, et je ne serais pas surpris qu'elle me donnât promptement l'occasion de m'en servir.

« Par exemple, ce qui me chiffonne un peu, c'est que, tout en demeurant de plus en plus persuadé qu'il existe un lien entre la disparition de Kérénol et le meurtre de Roscanvel, je ne vois pas, mais pas du tout, en quoi il peut consister.

« Dans quel but la Rascolini aurait-elle tué le comte Robert? Pour se venger?... Pour perdre Guérel et, par ricochet, la comtesse Marie-Thérèse?...

« Or la comtesse m'a affirmé que ni elle ni son mari ne connaissaient la princesse, et je n'ai aucune raison de mettre en doute la sincérité de cette jeune et charmante femme.

« Enfin, quel rôle joue ce Gabriele d'Ornelo?... Est-il le successeur de Kérénol?

« Me serais-je trompé, au contraire, en le prenant pour amant à la princesse? Voilà où l'écheveau s'embrouille singulièrement.

« Mais ne nous frappons pas. En quarante-huit heures, nous avons fait de très bonne besogne et j'ai déjà en mains de nombreux atouts. Nous allons maintenant nous en servir. »

Et Chantecoq, s'emparant d'une feuille de papier, la plia en huit morceaux, qu'il sépara à l'aide d'un canif.

Sur chacun d'eux il écrivit le nom des personnages principaux du drame au milieu duquel il se débattait.

Roscanvel
Guérel
Kérénol
Marco
Le prince Rascolini
La princesse Gemma
Mme de Roscanvel
Suzanne

Il commença par les placer dans cet ordre les unes après les autres... puis il se livra à des combinaisons de toutes sortes, changeant, intervertissant les petits carrés comme les pions d'un damier.

On eût dit une cartomancienne faisant manœuvrer des tarots.

...Puis il s'en fut à son coffre-fort, en retira la photo de M. de Roscanvel, la déposa sur la table et la compara avec celle de Kérénol.

— On ne peut pas dire qu'ils se ressemblent, murmura-t-il au bout d'un moment. Leurs traits n'ont même rien de commun. Ce sont deux beaux gars... deux costauds, ainsi que l'on dit vulgairement... et tels que doit les aimer cette ardente Florentine.

« En supposant, contrairement aux dires de Mme de Roscanvel, que la belle Impéria, dont la lettre à Kérénol démontre lumineusement qu'elle est lasse de ce dernier, se soit emballée pour Roscanvel et que ce dernier soit devenu son amant, leur liaison aurait été de courte durée, puisque la disparition de Kérénol date du 3 janvier et que l'assassinat de Roscanvel date du 6.

« Au fait, qui nous dit que la Rascolini n'est pas capable d'atteler à deux et que Roscanvel, à l'insu de sa charmante femme, n'était pas depuis un certain temps, son amant?

« Alors, pourquoi la princesse l'aurait-elle supprimé?

« Se serait-elle inspirée de la tradition de Marguerite de Bourgogne, qui faisait coudre dans un sac et jeter à la Seine ses amants lorsqu'ils avaient cessé de lui plaire?

« En tout cas, il est un fait patent, c'est qu'elle a signé son crime en m'adressant cette lettre où elle m'interdit, sous peine des pires représailles, de m'occuper de l'affaire Roscanvel. C'est déjà beaucoup.

« Il ne s'agit plus que de lui délier la langue, ainsi que celle de ses deux complices Marco et Suzanne.

« Allons, je suis content... l'écheveau commence à se débrouiller...

« Nous allons pouvoir entrer dans la période active...

« Finie la guerre de tranchées !... A nous la guerre de manœuvre !... Et en avant !...

Chantecoq s'en fut ranger tous ses documents dans son coffre et il allait passer dans son laboratoire, lorsque Météor surgit tout à coup dans le studio, tel un diable qui sortirait d'une boîte...

— Patron, annonça-t-il, ainsi que vous l'aviez prévu, il n'existe pas, à Paris, d'Italien du nom de Gabriele d'Orvieto.

— Ah ! ah ! scanda Chantecoq.

Et, tout de suite, il ajouta :

— Il serait très important de s'informer, dans le plus bref délai, de la date à laquelle ce pseudo-Gabriele est entré au service de la princesse.

— C'est fait, patron.

— Comment, tu as pensé à cela ?

— Oui, patron, j'ai cavalé jusqu'à l'avenue Henri-Martin et, en interrogeant adroitement quelques fournisseurs, j'ai fini par savoir que le Gabriele en question avait débarqué chez la princesse, le 2 janvier dernier.

— C'est-à-dire, rapprochait Chantecoq, quarante-huit heures après l'assassinat de M. de Roscanvel.

Météor allait parler, mais, d'un geste énergique, le grand limier lui imposa silence.

Puis, lentement, il fit, comme s'il se parlait à lui-même :

— Il faut absolument que je sache quelle tête ce grand mutilé cache sous son masque.

VII

LA PANTHÈRE, LE TIGRE ET LE RENARD

Le mystérieux personnage que nous continuerons à appeler du nom de Gabriele d'Or-

vieto, puisque nous ne lui en connaissons pas d'autre, continuait paisiblement son travail dans le cabinet aux médailles, lorsque parut la belle Impéria dans un élégant déshabillé du matin.

— Eh bien ?... interrogea l'homme masqué, avec une expression d'anxiété assez vive.

— Il est toujours vivant ! déclara la princesse.

Le mutilé eut un geste d'impatience, puis :

— Etes-vous sûre, fit-il, d'un ton bref, saccadé, que Marco a doublé hier soir la dose ?

— J'en suis d'autant plus certaine, affirmait Gemma, que j'avais préparé l'injection moi-même.

— Décidément, ricana M. d'Orvieto, cet homme a l'âme chevillée au corps.

— Je recommencerai ce soir, fit la Florentine, froidement implacable.

— Espérons que vous réussirez mieux, souhaitait cyniquement Gabriele, car je ne vous cacherai pas que je commence à avoir assez de ce masque dont j'ai dû m'affubler et du rôle vraiment stupide que vous me faites jouer dans cette maison.

— Je croyais que vous m'aimiez, s'écriait la princesse Rascolini sur un ton quelque peu désenchanté.

— Si je ne vous aimais pas, scandait son interlocuteur, aurais-je consenti à ce que vous avez exigé de moi ?... Serais-je devenu...?

— Tais-toi ! interrompait l'Italienne.

— Pourquoi ? lançait M. d'Orvieto...

« Ici, les murs auraient-ils des oreilles ?

— Non !

— Auriez-vous peur ?

— La peur, je crois te l'avoir assez prouvé, est un sentiment que j'ignore.

— Alors, je ne comprends pas.

— Je crains seulement que tu ne prononces des mots qui pourraient me donner à penser que tu regrettes...

— Je ne regrette rien, coupait à son tour l'homme au masque. Ne sommes-nous pas désormais rivés l'un à l'autre par des chaînes que rien ne peut briser ?

— Celles de l'amour.

— Et celles du crime.

— Il n'y a pas de crime en amour ! s'écriait l'ardente Italienne.

— C'est votre avis, c'est aussi le mien, scandait Gabriele... mais ce n'est certainement pas celui de cette institution que l'on est convenu d'appeler la justice...

» Donc, si nous devons être heureux, nous le serons ensemble, et, si nous devons succomber, eh bien ! nous succomberons tous les deux.

— Pourquoi veux-tu que nous ne soyons pas heureux ? s'écriait la belle Impéria.

M. d'Orvieto se taisait.

— Que redoutes-tu ? poursuivait Gemma. Le remords ?

— Non.

— La satiété ?

— Encore moins.

— L'ennui ?

— Pas davantage.

— Alors ?

— Je vais te le dire... Je crains Chantecoq.

— Chantecoq n'est plus à craindre, affirmait la belle Impéria d'un air triomphant.

— Qu'en savez-vous ?

La princesse Rascolini expliquait :

— Me rendant compte, ainsi que vous me l'aviez dit, que j'avais commis deux graves imprudences : l'une en lançant un défi manuscrit à ce détective, et l'autre en remettant à ce prétendu Martigné-Ferchaud une lettre d'introduction auprès du diplomate della Sorrente, j'ai voulu réparer cette double maladresse.

Avec un accent tout de sceptique ironie, Gabriele déclarait :

— Je suis curieux de savoir comment vous vous y êtes prise ?

Gemma expliquait :

— De la façon la plus directe, la seule d'ailleurs qui eût quelque chance de succès.

» Ayant appris que Chantecoq avait pour secrétaire un jeune homme nommé, ou plutôt surnommé Météor, je lui ai dépêché Suzanne, ma femme de chambre, en lui donnant pour instructions d'embobiner ce garçon et de lui proposer une somme importante s'il parvenait à dérober à son patron les deux documents en question et à me les remettre dans le plus bref délai.

Tout en hochant la tête, M. d'Orvieto laissait échapper :

— Avant de mettre un pareil plan à exécution, vous eussiez mieux fait de m'en parler.

— Pourquoi ?

— Parce que je vous en aurais dissuadée.

— Il est donc si mauvais ?

— En tout cas il comporte un aléa redoutable.

— Lequel ?

— Si Météor refuse ?...

— Il a accepté, et il doit m'apporter lui-même, ce matin, les deux lettres, en échange de cent mille francs que je vais lui remettre.

— Il n'est pas encore là ! observait M. d'Orvieto.

— Le rendez-vous est pour dix heures, et il n'est que neuf heures et demie.

— Je souhaite qu'il vienne, reprit Gabriele.

— Il viendra... Suzanne me l'a garanti, et cette fille est une trop fine mouche pour se laisser rouler, même par le secrétaire de Chantecoq.

— Nous verrons bien ! ponctuait l'homme masqué.

Et d'une voix mordante, il ajouta :

— En tout cas, si notre plan échoue, il est un autre moyen, auquel j'ai songé depuis hier, et qui a l'avantage sur tous les autres d'être plus radical : c'est de supprimer Chantecoq, ainsi que j'ai déjà voulu le faire.

— J'y ai songé, moi aussi, pendant la Florentine... et si je ne l'ai pas fait, c'est... Mais à quoi bon vous le redire, vous vous moquez encore de moi.

— Je crois deviner... fit le faux mutilé... Vous avez encore été consulter la vieille Eusebia ?

— Oui, je l'avoue.

— Et elle vous a défendu de tuer ce maudit détective ?

— Non, elle m'a simplement dit : « Le jour où vous toucherez à une plume du coq, c'est le coq qui vous plumera. »

M. d'Orvieto partit d'un éclat de rire sarcastique.

— Comment, fit-il, oui, comment une femme de votre éducation, de votre intelligence et de votre culture, peut-elle croire à de pareilles sornettes ?

— Jamais Eusebia ne m'a trompée, affirmait gravement la Florentine.

— Quelle superstitieuse vous faites !

— Il ne faut pas rire des superstitions, ni, surtout, des prédictions de ceux auxquels la nature a accordé le don de double vue.

— On voit que vous descendez des Médicis.

— Je m'en fais gloire !

— Et il ne vous reste plus qu'à faire comme votre arrière-grand'tante, la reine Catherine : à attacher à votre personne un nouveau Ruggieri, qui vous aidera à vous préserver des attaques de vos ennemis et à vous en débarrasser, ce qui serait beaucoup plus simple, en les envoûtant à l'aide d'une aiguille enfoncée dans une statuette de cire.

— Ne vous moquez pas de ces pratiques ! s'écriait la belle Impéria... Elles ont existé, elles ont donné d'indéniables résultats, et qui sait si elles ne pourraient pas en donner encore ?

— Ah ça ! vous croyez donc à la sorcellerie ?

— Vous croyez bien à la T. S. F. !

— C'est de la science.

— Ruggieri, lui aussi, était un grand savant !

— Quel dommage qu'il ne soit plus là pour nous aider à envoûter Chantecoq !

— Encore une fois, ne plaisantez pas avec ces choses !

— Laissez-moi rire !

— Vous ne savez pas, vous...

— Et vous ?

— Il est certains secrets qui se transmettent de génération en génération.

— Ceux de Locuste.

— Et ceux de Circé, appuya avec force la belle Impéria.

— Le fait est, reconnaissait Gabriele, que vous êtes douée d'un pouvoir d'enchantement auquel je défie qui que ce soit de se soustraire.

Puis, brusquement, il fit, en entendant résonner le timbre d'un régulateur :

— Dix heures !... Princesse... si nous avions fait un pari, vous l'eussiez déjà perdu. Météor n'est pas encore là.

Au moment où il prononçait ces mots, la porte s'ouvrait devant Marco, le maître d'hôtel, qui apportait sur un plateau une carte de visite qu'il présenta à la princesse.

A peine celle-ci y avait-elle jeté les yeux, qu'une exclamation lui échappait.

— Chantecoq !

— Chantecoq ! répéta l'homme masqué avec non moins d'étonnement.

Gemma lui passa le bristol du détective.

— Ah ça ! grommela-t-il, qu'est-ce que cela signifie ?

— Nous allons bien voir !... fit la belle Impéria.

— Vous le recevez ? faisait M. d'Orvieto.

— Pourquoi ne le recevrais-je pas ?

Et la princesse Rascolini, qui avait entièrement repris possession d'elle-même, appuya :

— J'ai déjà eu affaire à lui. C'est un très galant homme.

« Marco, faites entrer M. Chantecoq dans le petit salon Louis XVI.

— A la bonne heure ! s'exclamait Gabriele, j'aime à vous voir ainsi... pleine de crânerie, d'audace et d'énergie, félicitait-il le faux mutilé.

Et, baissant la voix, il fit, à l'oreille de sa complice :

— Je vais vous laisser seule avec ce policier... Mais soyez sans inquiétude, tant que durera sa visite, je serai aux aguets... et prêt à intervenir si la nécessité, toutefois, s'en fait sentir.

L'Italienne répliquait :

— Je vous remercie, mon cher, mais j'espère que la panthère n'aura pas besoin du tigre pour l'aider à venir à bout du renard.

Elle s'en fut de son pas de déesse orgueilleuse et magnifique.

Demeuré seul, M. d'Orvieto se prit à grommeler :

— Je serais curieux de savoir ce que vient faire ici le roi des détectives.

. . . .

Obéissant à l'ordre de la princesse, Marco qui, lui aussi, n'était pas sans se demander le motif de la visite du grand limier, avait introduit celui-ci dans le salon Louis XVI.

C'était une pièce de dimensions restreintes, située au premier étage.

Son ameublement, rigoureusement d'époque, les tapisseries de Beauvais, qui auraient pu rivaliser avec celles du château de Compiègne, les merveilleux objets d'art répandus sur les tables, les consoles et meubles d'encoignures étaient dignes beaucoup mieux que d'une princesse étrangère, c'est-à-dire d'une reine, et tout particulièrement de celle à qui l'on doit les délicieux petits appartements de Versailles.

Lorsque la belle Impéria qui, vite, avait changé son déshabillé pour une robe d'intérieur, chef-d'œuvre de Madeleine Vionnet, reine indiscutée de la haute couture, se montra sur le seuil, Chantecoq paraissait absorbé dans la contemplation d'une collection de montres anciennes, enfermées dans une vitrine.

Inutile de dire qu'il s'était fort bien aperçu de la présence de l'Italienne.

Mais, manœuvrant comme toujours avec une prudence remarquable, il préférait prendre tout son temps et n'entamer la conversation qu'à l'instant choisi par lui.

Dupe de son jeu, la princesse Rascolini eut un léger sourire que, du coin de l'œil, le grand limier cueillit au passage, grâce à une glace qui lui renvoyait l'image de sa belle et dangereuse adversaire.

Pendant quelques secondes, la Florentine observa donc Chantecoq, qui s'en apercevait fort bien, et Chantecoq observait la Florentine sans qu'elle s'en doutât.

Le policier français venait donc de remporter sur la grande dame italienne un premier avantage qui, si minime fût-il, n'en était pas moins de bon augure.

— Bonjour, monsieur Chantecoq ! attaquait Gemma avec amabilité.

Vivement, le détective se retourna, comme s'il était brusquement arraché à un examen qui avait entièrement arraché son attention.

Puis, s'inclinant respectueusement devant son interlocutrice, il fit, sur le ton et avec les allures d'un parfait gentleman :

— Je vous demande pardon, princesse, j'étais en train d'admirer toutes ces splendeurs.

— Soyez le bienvenu ! déclarait la princesse avec son plus aimable sourire.

Et, tout en indiquant un siège, elle ajouta :

— Veuillez m'exposer le but de votre visite...

Chantecoq, que sa distinction naturelle et sa sobre élégance faisaient ressembler beaucoup plus à un diplomate qu'à un détective, répliquait :

— Permettez-moi, princesse, de vous présenter toutes mes excuses pour l'heure matinale à laquelle je me présente à vous, ainsi que tous mes remerciements pour la bonne grâce et la promptitude que vous avez mises à me recevoir.

La Florentine redressa la tête. Jamais elle n'avait mieux mérité son surnom de belle Impéria.

De sa voix au timbre naturellement métallique, mais qu'elle savait, lorsqu'elle le voulait, rendre aussi harmonieuse, aussi captivante que le chant d'une viole d'amour, elle fit :

— J'ai supposé que, pour qu'un homme ainsi occupé que vous se fît annoncer de la sorte à une femme aussi distante que moi, il lui fallait une raison puissante.

— En effet, princesse, confirmait Chantecoq avec un sourire plein de déférence.

Et il ajouta :

— Je ne crois pas qu'il soit utile de vous le révéler, car vous le connaissez déjà aussi bien que moi-même.

Cette simple phrase suffit à la princesse pour qu'elle comprît que le combat était engagé.

Mais elle se tenait sur ses gardes...

« Monsieur le détective, se dit-elle, nous allons vous prouver que l'escrime italienne est encore capable de tenir en échec l'escrime française. »

Et tout haut elle reprit :

— Monsieur Chantecoq, je ne saurais vous dire combien je suis satisfaite que vous ne cherchiez pas à ruser avec moi.

— A quoi bon ! ponctuait le détective... Votre temps est précieux... Le mien aussi. Mieux vaut donc aller droit au but.

— Je vous écoute.

Avec une tranquillité parfaite, le roi des détectives reprenait :

— Hier, princesse, soit dit sans vous offenser, vous avez fait une fausse manœuvre.

— Vraiment ?

— Je ne vous cacherai pas qu'elle m'a beaucoup surpris de votre part.

« Pourquoi, au lieu d'envoyer votre femme de chambre relancer mon secrétaire, ne m'avez-vous pas demandé de venir vous voir ?

— Parce que vous auriez refusé ! répondait la Florentine avec assurance.

— Détrompez-vous, princesse, j'eusse accouru... ainsi que je l'ai fait dès que j'ai su que vous étiez désireuse d'entrer en possession de certaines petits papiers que je détenais, et avec lesquels vous redoutiez que je ne vous causasse quelques ennuis.

— Monsieur Chantecoq... se défendait la princesse, vous commettez une grave erreur, si vous vous figurez que le fait d'avoir réussi, par des moyens que je préfère ne pas qualifier, à m'extorquer quelques lignes de mon écriture, ait provoqué en moi la moindre inquiétude.

Le limier ripostait avec élan :

— J'en suis convaincu, princesse, puisque vous me le dites.

Et le plus innocemment du monde, il ajouta :

— Je me suis rendu coupable d'un jugement téméraire, et j'en suis désolé... mais daignez admettre, princesse, que j'ai droit aux circonstances atténuantes.

« N'étais-je pas en droit de supposer que vous attachiez une importance considérable à cette lettre écrite et signée de votre main, ainsi qu'à un certain autre document qui, pour ne pas être paraphé de votre nom, n'en porte pas moins votre marque authentique, puisque vous avez fait offrir par votre femme de chambre, à mon secrétaire, une somme de cent mille francs, s'il parvenait à me dérober et à vous remettre ces deux pièces.

Ce coup droit, magistralement porté, ne parut nullement impressionner la Florentine.

— Monsieur Chantecoq, fit-elle, votre secrétaire est du Midi, n'est-ce pas ?

— Non, princesse, c'est un Parisien pur sang, né à Montmartre, de parents qui ont également vu le jour sur la Butte.

— Cela m'étonne, car votre collaborateur m'a l'air doué d'une imagination tout à fait méridionale.

« Il me semble même appelé à jouer beaucoup plus les Tartarin que les Chantecoq.

« Sans doute a-t-il cherché à se faire bien voir de vous, en accordant à la démarche de ma femme de chambre une importance aussi considérable ?

« Les choses ne se sont nullement passées ainsi. Je tiens à les mettre au point.

« Je ne vous cacherai pas que j'ai été extrêmement froissée du procédé que vous avez employé pour vous emparer d'un échantillon de mon écriture. Je n'ai pas reconnu là votre manière, monsieur Chantecoq. Généralement, vous faites preuve de plus d'habileté, de plus de délicatesse, de plus de tact, de plus de doigté...

« Voyons ! comment un détective tel que vous n'a-t-il pas prévu qu'en admettant que je tombasse dans le piège que vous m'aviez tendu, je n'apprendrais pas rapidement que vous vous étiez joué de moi ?

« C'est ce qui s'est produit.

« Un quart d'heure après la visite de votre employé, j'étais fixée.

« Au lieu de porter plainte à la police « officielle », j'ai préféré agir moi-même, et j'ai donc envoyé ma femme de chambre près de votre secrétaire.

« Elle ne lui a pas offert, ainsi qu'il le prétend, cent mille francs pour qu'il lui remette je ne sais quel document non signé, mais écrit de ma main, auquel vous venez de faire allusion, mais cinq mille francs, en tout et pour tout, pour qu'il lui restituât ma lettre au marquis della Sorrente.

Et tout en enveloppant de son regard ensorceleur le grand limier, qui l'écoutait, silencieux, immobile, le visage impénétrable, l'Italienne scanda :

— En ce moment, je saisis très bien le fond de votre pensée. Vous vous dites : « Pour que la princesse Rascolini tienne tant à rentrer en possession de cette lettre, il faut qu'elle redoute de la voir devenir, entre des mains malintentionnées, une arme dangereuse... »

« Il y a de cela, monsieur Chantecoq, mais ce n'est pas tout à fait cela.

« J'ignore quels ténébreux desseins vous nourrissez contre moi. Je ne sens qu'une chose : c'est que, pour avoir agi de la sorte, il faut que vous ayez à mon égard des visées qui ne sont pas précisément amicales. Peut-être agissez-vous pour le compte de Mussolini, l'ennemi des princes, ou pour celui de gens qui veulent me chercher noise ? *Peut-être, de très bonne foi, avez-vous accepté une mission que vous croyez juste et qui ne repose que sur l'irréalité et le mensonge ?*

« Toujours est-il que l'acte d'hostilité que vous avez commis envers moi réclamait une réplique. Elle aurait pu être plus sévère. Je ne l'ai pas voulu. J'ai horreur du bruit et encore plus du scandale. Je n'aspire qu'à la retraite, à la retraite la plus absolue, à l'oubli d'une existence qui n'aura été pour moi qu'un sourire de quelques journées... et des années de torture morale que vous ne soupçonnez pas.

« Croyez-moi, monsieur Chantecoq, lorsque Dieu aura rappelé le prince à lui, la vie nouvelle qui m'attend ce n'est pas au monde que je la demanderai ; c'est dans un couvent d'Espagne, au Carmel, que j'irai m'ensevelir, et je n'ai qu'un désir : entendre se refermer sur moi la lourde porte de ce monastère.

« Mais je suis toujours la princesse Rascolini, fille du duc de Grambaldi, trait d'union vivant entre deux des plus illustres familles d'Italie ; je n'ai pas voulu qu'un détective privé conservât de par lui une lettre signée par moi, obtenue de moi par surprise, et dont l'usage qu'il voulait en faire ne pouvait qu'à bon droit m'apparaître suspect.

« Voilà, monsieur Chantecoq, toute la vérité... Si vous ne me croyez pas, voulez-vous que je sonne ma femme de chambre ?

Toujours avec le même flegme, Chantecoq reprenait :

— Je crois, princesse, qu'il est inutile de mêler une domestique à cette affaire. Je vous demanderai seulement la permission de rectifier certaines petites erreurs, involontaires, j'en suis sûr, qui se sont glissées dans votre récit.

— Parlez, monsieur, je vous promets de vous écouter avec la même attention que la vôtre.

— Tout d'abord, princesse, vous avez négligé de me dire que votre charmante camériste, — car elle est charmante, — avait reçu de vous l'ordre de réclamer à mon secrétaire non seulement l'original de votre lettre, mais encore le cliché et les photos que j'aurais pu en tirer.

— C'est exact, reconnaissait Gemma. D'ailleurs, je crois que c'est assez naturel.

— Parfaitement, concédait le limier... Je n'insiste pas, puisque nous sommes absolument d'accord sur ce point.

« Mais il est une de vos allégations et même deux contre lesquelles je tiens avant tout à protester, c'est lorsque vous déclarez que je pourrais bien être un agent de Mussolini ou celui de gens qui, selon votre expression, *vous chercheraient noise.* Non, princesse !

Et, tout en plongeant son regard profond, pénétrant, aigu, fureteur, dans celui de la princesse, le roi des détectives martela :

— J'accomplis toujours, selon vos propres paroles, une mission que je crois juste et qui, contrairement à ce que vous prétendez, ne repose ni sur l'irréalité et le mensonge, mais sur la justice et la vérité.

La Florentine, cette fois, ne rompit pas sous cette attaque. Mais, se levant, frémissante d'une colère à laquelle, en grande comédienne qu'elle était, elle sut donner l'aspect d'une indignation difficilement contenue, elle s'écria :

— Alors, monsieur, c'est au nom de la justice et de la vérité que vous vous êtes attaqué à moi ?

— Oui, princesse, affirmait le détective avec un formidable aplomb.

— De quoi m'accusez-vous donc ? questionnait l'Italienne qui, par un effort de volonté extraordinaire, avait immédiatement reconquis tout son sang-froid.

« Attention ! se dit Chantecoq... je crois que j'ai trouvé une adversaire à ma taille. »

Et il reprit, avec le flegme dont il ne s'était pas départi depuis le début de cet entretien :

— Princesse, je regrette que vous me forciez à mettre les points sur les i... mais je ne suis pas homme à me dérober à une question aussi directe... Je vais donc vous répondre d'une façon aussi nette que vous m'avez interrogé...

« Je suis chargé de rechercher un disparu, Raymond Kérénot. Une lettre de vous, non signée, mais dont j'ai pu identifier l'écriture grâce à celle que, selon votre expression, j'avais réussi à vous extorquer, m'a appris que vous aviez été l'amie très intime de ce jeune homme.

« Pardonnez-moi d'entrer dans ces détails de votre vie privée, mais vous avez exigé de moi une explication complète et décisive. Je ne suis pas homme à me dérober. Je vous la donne. Si toutefois je vous offense, dites-le-moi. Je me tairai aussitôt.

— Vous m'offensez beaucoup, en effet, monsieur Chantecoq, déclarait la belle Impéria, en prenant un air de reine outragée.

« Mais, moi non plus, je ne suis pas femme à me dérober. Continuez donc, allez jusqu'au bout... mais dites-vous bien que je suis capable de vous répondre.

— Je m'en suis déjà aperçu, scandait le détective, avec un sourire d'une absolue sérénité.

Et il poursuivit :

— Aussitôt que j'ai eu découvert les liens mystérieux qui vous unissaient à ce garçon, j'ai pensé que c'était en m'adressant à vous que j'avais le plus de chance d'être exactement renseigné.

« Inutile de vous dire, princesse, que si vous daignez me répondre, tout ceci restera à jamais entre nous.

« Je ne connais rien de plus respectable que les secrets intimes d'une femme... C'est donc vous dire que je suis incapable de livrer les vôtres, à moins que vous ne m'y forciez.

Bien que Gemma eût deviné tout ce qu'il y avait de menaces cachées sous ces dernières paroles, elle n'en parut nullement troublée... Et ce fut avec une assurance entière et même agressive qu'elle répliqua :

— Monsieur Chantecoq, je n'ai rien à craindre de vous, et la meilleure preuve, c'est que je me refuse à poursuivre un entretien qui n'a que trop duré.

Elle se leva, signifiant ainsi son congé au détective, qui, abandonnant aussi son siège, fit, du ton le plus naturel du monde :

— Princesse, je le regrette pour vous encore plus que pour moi...

« Je m'étais présenté ici dans les intentions les plus conciliatrices ; je ne tenais nullement à entrer en guerre avec vous.. La preuve c'est que je ne vous ai nullement dissimulé les armes dont je disposais et que je vous ai tout de suite démasqué mes batteries... Je n'insiste pas... Je me retire.

Et, avec une courtoisie plutôt inquiétante, le grand limier ajouta :

— Sachez seulement, princesse, que, chargé par une mère de rechercher et de retrouver son fils disparu, je ne négligerai rien pour atteindre ce but... S'il y a du scandale, tant pis ! A bonne écouteuse, salut !

Le détective esquissait un mouvement de retraite... L'Italienne le retint :

— Monsieur Chantecoq...

— Princesse ?

Hautaine, insolente, la belle 'Impéria reprenait :

— Je vais vous poser à mon tour une question indiscrète.

— Dites, princesse, dites toujours, et je verrai si je puis vous répondre.

Tout en regardant fixement le limier, la Florentine formulait :

— Combien Mme Kérénot vous a-t-elle promis si vous retrouviez son fils ?

— Mme Kérénot ne m'a rien promis. . répliquait le détective, que cette interrogation insidieuse ne semblait avoir nullement offusqué.

Car il poursuivit sans désemparer :

— Et je ne lui demanderai rien !

— J'ignorais. monsieur Chantecoq, que vous travailliez uniquement pour la gloire.

— Dans certains cas, princesse, il m'est infiniment agréable d'obliger gratuitement mes amis et même parfois des personnes qui me sont simplement sympathiques.

— Vous vous rattrapez sur les autres

— Je fais mon métier, princesse, mais je le fais honorablement. et je suppose que vous ne commettrez pas l'erreur et l'injustice de me confondre avec les directeurs ou agents de certaines officines louches qui font du chantage la base de la plupart de leurs opérations.

Ces mots, prononcés avec modération, mais avec énergie. durent avertir la Florentine qu'elle s'était aventurée sur un terrain dangereux, car, battant aussitôt en retraite, elle reprit :

— Si j'avais eu. monsieur Chantecoq, une aussi fâcheuse opinion de vous, je ne vous eusse certainement pas demandé. il y a quelque temps. de vous occuper d'un vol de bijoux dont j'avais été victime.

« Si j'ai cru pouvoir vous demander le montant des honoraires très légitimes que devait vous rapporter la mission que vous avait confiée Mme Kérénot. c'était parce que je tenais à sauvegarder vos intérêts.

— Comment cela ?

— Je vais vous le dire. Si, par exemple, on s'était engagé à vous verser une somme de dix mille francs pour récupérer Raymond Kérénot. j'avais l'intention de vous en proposer cinq fois de plus pour abandonner vos recherches.

Avec un sourire ironique. Chantecoq soulignait :

— Je m'aperçois, princesse. que. contrairement à ce que vous m'affirmiez à l'instant même, vous me jugez fort mal.

— Mais non.

— Mais si, princesse, puisque vous me croyez capable de me déshonorer pour cinquante mille francs.

— Vous déshonorer?

— N'est-ce pas s'avilir au-dessous de tout, que de trahir une malheureuse femme... une mère qui pleure son fils et donnerait sa vie pour le savoir vivant?

D'un ton sec, hostile, la princesse Rascolini déclarait :

— Ce Raymond Kérénot n'était pas un personnage bien intéressant.

Rengageant le fer, le détective ripostait :

— Mieux que personne, vous avez dû vous en apercevoir.

L'Italienne eut un léger frémissement... mais cette piqûre, au lieu de l'intimider, stimula au contraire ses nerfs, tendus à l'extrême. Et tandis qu'une expression farouche durcissait son beau visage, elle lança :

— Mieux vaut pour lui et pour tous que l'oubli se fasse sur son nom.

— Allez donc faire comprendre cela à une mère! s'écriait le détective.

— Vous êtes assez persuasif, monsieur Chantecoq, pour y parvenir.

— Je n'essaierai même pas.

Et, élevant un peu la voix, il martela :

— Princesse, le moment est venu d'abattre nos jeux et de jouer cartes sur tables.

« Raymond Kérénot est-il mort ou vivant?

La Florentine, que rien ne semblait démonter, reprenait :

— Ah çà! monsieur Chantecoq, vous ne lisez donc jamais les journaux?

Le limier ripostait :

— Détrompez-vous, princesse, j'en lis douze tous les jours et quelquefois davantage.

— Alors, vous les lisez très mal.

— Pourquoi?

— Comment! vous n'avez donc pas vu, dans l'une de ces nombreuses feuilles dans lesquelles vous vous délectez, qu'une information judiciaire avait été ouverte au sujet de la disparition de Raymond Kérénot, et que l'enquête avait établi qu'il avait été victime d'un crime dit crapuleux?

— Avait prétendu... rectifiait le limier.

— Ne jouons pas sur les mots.

— Les mots, princesse, en la circonstance, ont une importance capitale... La preuve, c'est que je ne partage pas du tout la conviction de la police officielle... Raymond Kérénot n'a pas été attiré dans un guet-apens, ni dévalisé... S'il a été supprimé, ce n'est nullement par des bandits professionnels, mais par quelqu'un qui avait intérêt à se débarrasser de lui.

— Moi, sans doute! bravait la belle Impéria qui, malgré toute son astuce était à cent lieues de se douter que Chantecoq était en train de la manœuvrer avec une habileté formidable et qu'il jouait avec elle comme un chat s'amuse avec une souris.

Le sourire de Chantecoq s'accentua. Maintenant, il en était sûr, il tenait son adversaire. Le renard avait vaincu la panthère.

— Princesse, fit-il, je suis trop loyal pour ne pas vous avouer que, lorsque j'ai su que le lendemain du jour où Raymond Kérénot avait disparu, son appartement avait été fouillé de fond en comble et que sa correspondance ainsi que tous ses papiers avaient été râflés et qu'ensuite j'ai eu en ma possession une certaine lettre que, par mégarde, il avait oubliée chez sa mère, j'ai eu la mauvaise, la très mauvaise pensée que vous aviez voulu vous débarrasser de ce personnage devenu par trop encombrant, en l'expédiant ou en le faisant expédier, dans un monde d'où l'on ne revient jamais.

« Ne bondissez pas, princesse, puisque je reconnais mes fautes.

« Péché avoué n'est-il pas à moitié pardonné?...

« Mais je me suis vite rendu compte que je faisais fausse route... Une femme telle que vous se rendre coupable d'un pareil crime!... Allons donc!

Et, jouant son jeu avec un art dont la princesse Rascolini, si forte fût-elle, ne pouvait qu'en être dupe, le roi des détectives poursuivit :

— Il m'a suffi de relire cette lettre pour en être convaincu. Raymond Kérénot est vivant, n'est-ce pas... bien vivant ?

Et regardant en face la princesse, dont le visage s'était instantanément détendu, il accentua :

— La preuve : c'est qu'il est ici.

— Ici ?...

— Oui, princesse, *ici*, où il se cache sous un masque de mutilé et sous le nom de Gabriele d'Orvieto.

— Cette fois, s'écriait la Florentine, en un élan de sincérité indéniable... cette fois, votre flair est en défaut.

— Pas possible !

— Mon secrétaire est réellement un mutilé de la face et son vrai nom est Gabriele d'Orvieto.

— Je n'aurai pas l'insolence de vous infliger un démenti.

— Je vous en sais gré, monsieur Chantecoq.

— Cependant, je dois vous dire que j'ai toutes les raisons de croire que votre secrétaire n'est nullement celui que vous dites.

— Je suis certaine du contraire.

— Et moi, je puis vous prouver que le comte Gabriele d'Orvieto a été tué devant Goritzia le 9 août 1916.

— Erreur, monsieur Chantecoq, protestait Gemma. Ce n'est pas le comte Gabriele d'Orvieto, mais son jeune frère Guiseppe, qui est mort à cette date au champ d'honneur... Gabriele a été blessé en 1918, ainsi qu'en fait foi son livret militaire, que je suis prête à vous montrer.

Chantecoq, devenu grave, coupait :

— Ce n'est pas son livret militaire que je tiens à voir... c'est lui, tout de suite, et sans son masque.

Pour la première fois, depuis le début du duel, engagé entre elle et le détective, la princesse Rascolini comprit que celui-ci n'avait cessé, sans qu'elle s'en doutât de remporter sur elle avantage sur avantages.

Incapable de maîtriser sa rage, elle s'écria :

— Le comte d'Orvieto s'est juré de ne plus jamais découvrir son visage devant personne. Ce n'est pas moi qui lui demanderai de manquer au serment qu'il s'est fait à lui-même, parce qu'un détective privé s'est mis dans la tête qu'il était Raymond Kérénot.

D'un ton énigmatique, Chantecoq, lentement, murmurait :

— Il vaudrait mieux pour lui qu'il fut Raymond Kérénot.

— Que voulez-vous dire ? questionnait la princesse qui, de plus en plus traquée, était désormais incapable de dissimuler l'anxiété qui depuis un moment l'avait envahie.

— Je parle pour moi-même, ironisait le limier. Et, ainsi qu'on chante dans *Carmen*, ou à peu près... *Je crois qu'il n'est pas défendu de... parler...*

— Monsieur Chantecoq, reprenait l'Italienne, le cœur battant, la gorge serrée... tout à l'heure, vous m'avez dit : « Abattons nos jeux... jouons cartes sur table... »

— Parfaitement.

— Eh bien, où voulez-vous en venir ?

— A l'affaire Roscanvel !

— A l'affaire Roscanvel ? fit semblant de s'étonner la belle Impéria.

Et, d'une voix étranglée, elle interrogea :

— Qu'est-ce que l'affaire Roscanvel.

— Vous ne lisez donc pas les journaux ?... ironisait le limier.

Gemma se mordit les lèvres et s'appuya contre la muraille. Elle avait la sensation que le parquet se dérobait sous ses pas. Implacable, Chantecoq allait achever sa déroute.

— Vous n'allez pas me dire que vous ignorez le drame pour lequel un innocent est en prison à Marseille.

« L'affaire Roscanvel, mais vous ne connaissez que cela, princesse... La preuve, c'est que vous m'avez écrit pour m'interdire de m'en occuper... une première lettre tapée à la machine et une seconde tracée d'une écriture adroitement contrefaite, mais pas assez bien cependant pour qu'un expert, tant soit peu averti, ne vous en attribuât la... maternité.

« Allons, princesse, avouez... avouez donc que vous avez fait disparaître Raymond Kérénol et...

— Assez !

— ... Que vous avez assassiné Robert de Roscanvel.

— C'est faux.

— Et que ce prétendu Gabriele d'Orvieto est votre complice.

— C'est faux, vous dis-je, c'est faux !

Sortant brusquement un browning de sa poche, le roi des détectives le braquait vers la princesse Rascolini.

— En attendant, ordonnait-il, vous allez me suivre jusqu'au commissariat de police.

Il n'acheva pas. Un bruit sec, rappelant le claquement d'un fouet, retentissait, et Chantecoq s'écroulait comme une masse sur le tapis.

Au même moment, une tenture se soulevait et Gabriele d'Orvieto se précipitait dans le salon, tenant à la main le pistolet automatique dont il s'était servi pour tirer à Chantecoq une balle en plein cœur.

— Malheureux ! qu'as-tu fait ? s'écriait la belle Impéria, en s'élançant vers lui.

— Cet homme nous tenait... grinçait le mutilé... Il allait nous perdre... je l'ai supprimé... Mais laisse-moi.

— Que veux-tu faire encore ? interrogeait la Florentine.

— Voir s'il est bien mort...

Et le misérable ajouta avec un accent de cruauté effroyable :

— Et, s'il respire encore, lui loger une balle dans la tête.

Gemma s'accrochait à lui en disant :

— Tu vois bien qu'il ne bouge plus... Il a dû être tué sur le coup... Mieux vaut nous occuper tout de suite de faire dsparaître son cadavre.

— Cela n'est pas bien embarrassant... ricana l'homme au masque.

— Pourtant...

M. d'Orvieto imposait :

— Laisse-moi faire, te dis-je... laisse-moi.

Et, repoussant Gemma, il s'approchait du corps de Chantecoq, et, se penchant, allait appuyer le canon de son pistolet contre la tempe du détective... mais un cri lui échappa.

D'un bond prodigieux, Chantecoq s'était dressé sur ses jarrets d'acier... Puis, d'une main, il désarmait Gabriele, et, de l'autre, il lui arrachait son masque.

A son tour, le roi des détectives eut un cri de surprise... Un second masque noir, de la même dimension que le premier, recouvrait la figure de son adversaire.

Celui-ci, qui s'était ressaisi, se jeta sur le policier pour lui reprendre son pistolet... mais un « direct » à l'estomac l'envoya rouler sur un canapé...

Il se releva, cherchant un objet pour le jeter à la tête de Chantecoq, tandis qu'affolée, la belle Impéria se précipitait vers la porte qui s'ouvrit brusquement, démasquant Marco, le maître d'hôtel.

Alors, tout en tenant le trio en respect avec son browning, le roi des détectives gagna à reculons une porte-fenêtre qui donnait sur le jardin, l'ouvrit, et il fit d'une voix éclatante :

— Je pourrais vous abattre tous les trois, *mais j'aime mieux vous avoir vivants.*

Avant que ses adversaires fussent revenus de leur stupeur, Chantecoq avait disparu.

— Cet homme est donc le diable ! s'écriait la Florentine.

M. d'Orvieto, tremblant de rage, se retourna vers Marco, tout tremblant d'émoi, et, l'empoignant par le bras, il lui demanda :

— Qu'est-ce que tu venais faire ?

Le maître d'hôtel répondait :

— Annoncer une nouvelle importante à Monsieur le comte ainsi qu'à Madame la princesse.

— Parle !

— Son Excellence le prince Rascolini vient de rendre son âme à Dieu.

— Enfin ! grinça le tigre qu'était M. d'Orvieto, tandis que la Florentine devenait livide.

Et le sinistre larbin ajouta, sur un ton plein d'onction hypocrite :

— Cette fois, j'avais un peu forcé la dose !

VIII

COUPS DE THÉÂTRE SUR COUPS DE THÉÂTRE

Le même soir, vers vingt-deux heures, Chantecoq se trouvait dans son studio en compagnie de Jacques Bellegarde.

— Mon cher ami, disait le détective à son gendre, je vous suis très reconnaissant d'être accouru aussi rapidement à mon appel... Ainsi que je viens de vous le raconter, l'affaire Roscanvel se corse d'une façon extraordinaire et vous voyez que, j'avais raison lorsque je vous prédisais que je serais obligé de faire appel à vous.

« Pour rien au monde, je ne veux mêler quant à présent du moins, la police officielle à cette histoire...

« Je ne le ferai que lorsque j'aurai les aveux des coupables... cela ne saurait tarder.

« Je ne me dissimule pas que, pour les obtenir, j'aurai à livrer une rude bataille ; la princesse Rascolini, et surtout son secrétaire, sont des adversaires d'une envergure incontestable, décidés à tout, prêts à tous les crimes.

« Si je n'avais pas eu la prudence de revêtir cette cotte de mailles spéciale qui me met, en partie du moins, à l'abri des balles et des coups de couteau, j'étais un homme mort.

« Ce mystérieux mutilé m'avait visé en plein cœur...

« Heureusement qu'il n'a pas eu l'idée de me loger une balle dans la tête et qu'il a trouvé que, placé comme il devait l'être, ma poitrine lui offrait une cible beaucoup plus sûre que mon front.

« Bref, je reconnais très volontiers que j'ai eu beaucoup de chance de sortir indemne de l'aventure.

« A présent, j'ai l'impression que jamais, peut-être, même lorsque, pendant la guerre, je donnais la chasse aux espions, et il y a deux ans, lorsque je me suis élancé à la poursuite de *Belphégor*, le fameux Fantôme du Louvre, je n'avais connu un aussi grand danger.

« Mais ce couple sinistre aurait bien tort de se réjouir de la victoire qu'il croit avoir remportée sur moi, victoire à la Pyrrhus, et qui sera suivie pour eux d'une rapide défaite... car ils n'ont réussi qu'à fortifier ma conviction en leur culpabilité...

« Maintenant que je les tiens, je ne les lâcherai plus... jusqu'au moment où, après leur avoir passé à tous deux les menottes, j'aurai, non pas l'honneur, mais le plaisir de les remettre entre les mains de la justice.

Et, l'œil brillant, le roi des détectives conclut :

— C'est égal, je suis curieux de savoir quel bandit se cache sous ce masque de mutilé... Là, voyez-vous, mon cher Jacques, est la clef de toute l'affaire.

— Vous ne pensez pas que ce soit Raymond Kérénot, exprimait Bellegarde.

— Non, bien que je l'aie déclaré à la princesse, à laquelle je voulais tendre un piège, dans lequel, d'ailleurs, elle s'est empressée de tomber. Dès que la mère du disparu m'a mis au courant de tout, j'ai tout de suite été convaincu que Kérénot avait été assassiné.

« Il suffit d'un instant de réflexion pour s'en convaincre.

« La princesse qui, sous ses allures de grande et honnête dame, m'a tout l'air d'être une réincarnation de sa fameuse compatriote, Lucrèce Borgia, que ses crimes et ses débauches ont à jamais rendue immortelle, a très bien pu avoir un penchant très vif, pour un garçon doué de tous les avantages physiques et de toutes les tares morales qui plaisent à ce genre de femmes.

« A l'usage, elle en eut d'autant plus vite assez qu'il devait lui coûter fort cher... qu'un autre homme est passé, l'homme au masque, qui l'a emballée à fond.

« Oh ! celui-là, c'est un as dans sa catégorie et tous deux ont décidé de se débarrasser du gêneur qu'était Raymond Kérénot. C'est clair comme de l'eau de roche.

— En effet ! approuvait Bellegarde, mais, par exemple, ce que je ne saisis pas, c'est la raison pour laquelle la princesse et son énigmatique associé auraient assassiné le comte de Roscanvel.

— Moi, non plus, scandait le grand limier... Et pourtant, j'ai rarement réussi à accumuler autant de charges sur des accusés.

« S'ils n'étaient pas coupables, pourquoi la princesse m'aurait-elle écrit cette lettre de menaces ?

— Êtes-vous bien sûr que ce soit elle ?

— Ne me contentant pas de mes seules lumières, j'ai porté les différents échantillons de son écriture, qui sont en ma possession à mon ami Delphane, le premier expert de Paris en cette matière... Il m'a déclaré que je ne m'étais pas trompé et que les écritures des trois messages que je lui ai soumis étaient de la même personne.

Et, s'animant, le roi des détectives poursuivait :

— Et ce Marco ? Et cette Suzanne ?

« Oui, ce maître d'hôtel... et cette femme de chambre qui, après avoir été au service des Rascolini s'en vont, comme par hasard, chez les Roscanvel, et, toujours, comme par hasard, retrouvent leur place chez leurs anciens maîtres, dès qu'ils ont fourni les renseignements nécessaires, pour faire rejeter sur un innocent la responsabilité d'un crime commis par un autre.

— Tout ceci est fort troublant, appréciait Bellegarde, et dénote même une maladresse étonnante...

— De la part de professionnels, achevait Chantecoq... Mais la princesse et son complice ne sont pas des professionnels... Ils ont évidemment le crime dans la peau, ils le suent par tous les pores... Ils n'hésitent pas à accumuler les cadavres autour d'eux... car, je parierais bien un million qu'ils ont hâté la mort du prince, afin de reconquérir plus vite leur liberté...

« Et puis... argument suprême, argument massue, s'ils n'avaient pas tout à redouter de ma part d'abord, et de celle de la justice ensuite, pourquoi l'homme masqué aurait-il tiré sur moi, juste au moment où, sous la menace de mon browning, la princesse Rascolini, désarmée, vaincue, prête aux aveux, s'apprêtait à me suivre chez le commissaire de police.

— Votre raisonnement est d'une logique absolue, déclarait Bellegarde.

Chantecoq martelait :

— Donc, le seul point obscur en ce qui concerne l'affaire Roscanvel, est le mobile du crime.

« Un moment, je me suis dit :

« — Quoique sa femme prétende le contraire, le comte Robert a peut-être été l'amant de la princesse, et l'homme masqué aura voulu s'en débarrasser, ainsi que de Kérénot ?

« Mais cela ne tient pas debout...

« C'est beaucoup trop compliqué ou beaucoup trop simple. Et puis, mon flair me le fait pressentir : il y a autre chose...

« Mais quoi... quoi ?... Jamais encore je ne me suis heurté le front au mur d'une pareille énigme.

« C'est à en vendre son âme au diable.

Se calmant subitement, Chantecoq continuait :

— Inutile de s'énerver, cela n'avancerait pas les choses, au contraire. D'autant plus que tout va bien.

Bellegarde, judicieusement, observait :

— En effet, la princesse et l'autre ne peuvent pas, en ce moment, quitter Paris, sans

éveiller d'autres soupçons que les vôtres...
Avant de prendre la fille de l'air, ce qui doit
bigrement entrer dans leurs plans, ils sont
forcés d'attendre au moins que les funé-
railles du prince aient été célébrées.

— Oh ! oh ! déclarait le roi des détectives,
avec des oiseaux de cette espèce, il faut
s'attendre à tout... Ils pourraient fort bien,
au contraire, déployer leurs ailes, avant que
cet infortuné Rascolini reposât dans le ca-
veau de ses ancêtres... Aussi, ai-je pris mes
précautions et chargé Météor et Gautrais,
d'exercer autour d'eux une surveillance de
tous les instants.

« Voilà même pourquoi, mon cher
Jacques, je vous ai demandé de venir me
donner un coup de main.

— Avec joie..

— Dans ce genre d'expédition, je n'emploie jamais mes agents ordinaires, je ne fais
appel qu'aux *intimes*, c'est-à-dire à ceux
dont je suis sûr, autant que de moi-même.

— Vous pouvez entièrement compter sur
moi.

— A qui le dites-vous ?... ne vous ai-je pas
déjà vu à l'œuvre.

— Oh ! oui, Belphégor !... Que de souvenirs !...

— Sans compter, souriait le limier,
qu'ainsi que dans l'affaire du *Fantôme du
Louvre*, je vais vous fournir l'occasion d'un
reportage sensationnel pour votre journal.

— Il sera dit que je serai éternellement
votre obligé.

— Dites plutôt mon collaborateur, mon
ami, mon fils.

— Toujours ! mais patron... Vous permettez que je vous appelle patron ?

— Ça me va très bien.

— Donc, patron, donnez-moi vos directives. Je ne vous cacherai pas que je les
attends avec impatience.

— Il s'agit d'aller relever ce brave Gautrais et cet excellent Météor qui, depuis cet
après-midi, montent une discrète faction
autour de l'hôtel de la chaussée de la Muette.

« Tous deux sont camouflés en agents.
Nous allons en faire autant et endosser à
notre tour l'uniforme de gardien de la paix.

« Ce n'est peut-être pas très régulier, mais
comme nous nous faisons en ce moment les
auxiliaires de la police, celle-ci ne nous en
voudra pas, si, pour lui donner un sérieux
coup de main et pour réparer l'erreur com-
mise par l'un de ses représentants, nous lui
empruntons, en tout bien tout honneur,
quelques-uns de ses accessoires.

Tous deux passèrent dans le *laboratoire*.
Une demi-heure après, ils en ressortaient
entièrement transformés, tout ce qu'il y a de
plus « nature ».

L'œil le mieux exercé eût été incapable de
découvrir en l'un le premier limier de son
temps, et en l'autre le premier reporter de
son époque.

Avenue des Ternes, ils prirent un taxi.

Ils se firent descendre à l'entrée de la
chaussée de la Muette, et s'en furent rejoindre, à pied, Gautrais et Météor, qui, non
moins « nature » qu'eux, montaient imperturbablement la garde, en faisant les cent
pas devant la demeure des Rascolini, sur le
trottoir d'en face, de telle sorte qu'ils avaient
l'air de surveiller, non pas l'hôtel de la princesse, mais une autre propriété privée, habitée par un homme politique considérable,
qui était précisément l'objet de violentes
attaques de la part des communistes.

Chantecoq et Bellegarde d'une part, Météor et Gautrais de l'autre, s'adressèrent un
cordial et confraternel salut militaire. Puis,
comme s'ils se repassaient une consigne, ils
échangèrent quelques paroles à voix basse.

— Rien de nouveau ? interrogeait Chantecoq.

— Non, patron, répliquait Météor.

— Les oiseaux sont toujours là ?

— J'en réponds ! affirmait Gautrais. D'ici,
on peut très bien les voir... Au premier
étage, où la fenêtre est allumée.

Le limier leva les yeux dans cette direction.

Derrière des rideaux de tulle, il aperçut, en effet, les silhouettes de la belle Impéria et de son secrétaire.

— Parfait ! apprécia-t-il...

Puis, il questionna :

— Vous n'avez rien remarqué d'anormal ?

— Beaucoup d'allées et venues, ripostait Météor... Les pompes funèbres, des fournisseurs, des gens très chic qui venaient déposer leur carte ou signer sur un registre... mais rien de particulier.

— Je vous remercie, mes amis. Allez vous reposer tous les deux. Il est minuit. Revenez vers six heures du matin.

— Bonsoir, patron... Bonsoir, monsieur Jacques.

— Bonne nuit, messieurs.

— Je crois que celle-ci sera plutôt calme, fit le journaliste.

— Heu ! heu ! on ne sait jamais ! ponctua le détective.

Gautrais et Météor allaient s'éloigner, mais Chantecoq les retint.

— Vous êtes bien sûrs, fit-il, que l'hôtel des Rascolini n'a d'issue que sur la chaussée de la Muette ?

— Oui, patron ! affirmait Météor. Nous avons, M. Gautrais et moi, procédé à toutes les vérifications nécessaires.

— Merci et à demain matin, six heures.

— Avant si vous voulez, patron.

— C'est inutile.

Les deux collaborateurs de Chantecoq s'éloignèrent.

Le roi des détectives dirigea de nouveau son regard vers les fenêtres éclairées... Les silhouettes de la princesse et de l'homme masqué avaient disparu.

— Eux aussi vont se coucher, observa Bellegarde.

— J'en doute ! poursuivit Chantecoq. J'ai même l'idée que la nuit ne se passera pas sans incident.

Et, avisant une auto carrossée en voiture de course qui stationnait à trois numéros de là, il murmura :

— Voilà un carrosse qui ne me dit rien qui vaille.

« Je vais y jeter un coup d'œil... Restez là, et n'intervenez que si je vous appelle.

D'un pas un peu nonchalant, les bras dissimulés sous sa pèlerine, Chantecoq s'approcha de l'auto.

C'était une voiture au moteur puissant et portant la marque d'une firme qui avait triomphé récemment sur une course internationale.

Le détective remarqua que les quatre pneus, ainsi que celui dit « de secours », étaient entièrement neufs.

Comme il ne voyait, extérieurement du moins, aucune trace de bagages, il voulut se pencher à l'intérieur, afin de mieux se rendre compte et, surtout, de déchiffrer le nom du propriétaire.

Mais, bondissant sur le siège, un chien berger allemand, qui se tenait tapi au fond de l'auto, commença à faire entendre des grognements si nettement avertisseurs, que Chantecoq ne crut pas devoir prolonger ses investigations.

Et revenant vers Bellegarde, il lui dit :

— Je ne me trompais pas. Voilà une auto que nous ferons bien de surveiller attentivement... car je ne serais pas surpris qu'elle fût destinée à emmener cette nuit la princesse et son secrétaire.

Et, d'un air mystérieux, il ajouta :

— Mais, cette fois, ils ne m'échapperont pas, car ils vont tomber sur un de ces bec de gaz ; parfaitement, je dis de gaz auquel ils ne s'attendent guère.

Chantecoq ne se trompait pas. Un coup de théâtre était sur le point de se produire, mais un coup de théâtre qu'il n'avait pas prévu et qui ressemblait singulièrement à une tuile que ses adversaires lui auraient lancé sur la tête de leurs fenêtres, au moment où il ne s'y attendait pas.

En effet, il n'y avait pas cinq minutes que Chantecoq avait rejoint Bellegarde que ceux-ci voyaient s'avancer vers eux un monsieur d'une trentaine d'années que suivaient de très près deux agents en tenue.

— Hum ! grommela le détective, cela sent mauvais.

Le monsieur, un grand et solide gaillard, à l'air décidé de quelqu'un auquel on n'en remontre pas, s'en fut directement vers le détective privé et son gendre et, sans la moindre formule de politesse, il leur ordonna sur un ton qui n'admettait pas de réplique :

— Suivez-moi tous deux. Inutile de chercher à vous esquiver ou à vous défendre. Je suis monsieur Méjasson, le secrétaire du commissaire de police du quartier... Je vous tiens... je ne vous lâcherai pas.

Chantecoq ne pensait nullement à s'enfuir... mais quand bien même aurait-il eu cette intention qu'il lui eût été matériellement impossible de la réaliser.

Deux agents cyclistes, qui venaient de mettre pied à terre, arrivaient en renfort. Et, tout en pestant intérieurement, il emboîta le pas au secrétaire, imité par Bellegarde qui, en présence de cet avatar inattendu, était bien résolu à calquer entièrement son attitude sur celle de son beau-père.

Durant le trajet, pas une parole ne fut échangée.

Chantecoq songea :

« Nous avons été repérés et dénoncés... Par qui ?... Parbleu ! par ceux que je pourchasse et qui auront remarqué notre présence... C'est donc que, cette nuit, ils ont bien l'intention de partir... dans cette auto qui doit vous faire du cent vingt à l'heure... et peut-être même davantage.

« Heureusement que j'ai copié son numéro : 57-48-19... C'est toujours ça... Je sais bien qu'ils sont capables de le changer en route.

« C'est tout de même enrageant de se dire que cette gredine et ce coquin vont nous brûler la politesse au moment où j'allais leur jouer un si joli tour de ma façon, ainsi qu'à leur chien policier qui m'a tout l'air de

défendre les intérêts de ses patrons avec un zèle aussi aveugle que redoutable.

« Ah ! les bandits, je ne croyais pas qu'ils me donneraient tant de coton ni surtout qu'ils se paieraient ainsi ma tête.

« C'est tout de même un peu fort. »

Dans sa crainte que la princesse et l'homme masqué allaient lui échapper, il fut sur le point de tout dire au secrétaire.

Mais il réfléchit.

— Ça n'arrangerait en rien les choses... Du fait d'avoir endossé ces uniformes d'agent, Bellegarde et moi, nous avons commis un délit qui justifie notre arrestation, et si même je révélais à ce digne représentant de la loi que je suis le détective Chantecoq et que mon compagnon n'est autre que Jacques Bellegarde, le reporter bien connu du *Petit Parisien*, ce fonctionnaire qui m'a l'air de ne pas badiner avec son devoir et d'être fort conscient de sa responsabilité, ne prendrait certainement pas sur lui la décision de nous remettre immédiatement en liberté... même provisoire. Il voudrait en référer à son supérieur hiérarchique qui, lui-même... etc... etc... Cette balade au poste est donc absolument inévitable.

« Mais c'est tout de même vexant de se dire que cette Italienne et son homme masqué vont en profiter pour s'éclipser... à l'anglaise.

En arrivant au commissariat, le secrétaire fit entrer les deux délinquants dans son bureau, ainsi que les deux agents qui l'accompagnaient.

Les deux agents cyclistes, qui s'étaient contentés de former escorte, demeurèrent au poste qui se trouvait au rez-de-chaussée.

Le secrétaire, s'installant devant son bureau, attaquait :

— Vos noms, vos adresses, vos papiers ?

— Avant tout, monsieur le secrétaire, répliquait Chantecoq d'un ton plein de feinte humilité, nous vous serions bien reconnaissants de nous faire savoir de quoi, mon collègue et moi, nous sommes accusés.

— Vous le savez aussi bien que moi ! scandait M. Méjasson en haussant les épaules.

— Je suppose, monsieur le secrétaire, que vous ne nous prenez pas pour des malfaiteurs.

— C'est mon affaire.

— En ce cas, vous vous tromperiez, posait tranquillement le roi des détectives... Car, si, comme vous semblez le croire, nous étions des bandits, au lieu de vous suivre bien gentiment, bien docilement, ainsi que nous l'avons fait, nous aurions cherché par tous les moyens, à nous soustraire à votre poursuite, et qui sait si nous n'y serions point parvenus ?

— En attendant, ordonnait M. Méjasson, remettez-moi les deux revolvers qui sont dans ces étuis.

— Ces étuis sont vides... déclarait Chantecoq.

Il ouvrit le sien. Bellegarde l'imita. Le limier avait dit vrai.

Chantecoq, qui paraissait avoir pris son parti de la mésaventure, reprenait en souriant :

— Ce qui ne veut pas dire que nous ne soyons pas armés, et même jusqu'aux dents.

A peine avait-il prononcé ces mots, que les deux agents, d'un bond, s'élançaient, l'un vers Chantecoq et l'autre vers Bellegarde.

Mais, d'un geste cordial, le roi des détectives les rassurait.

— Ne vous donnez pas la peine de nous fouiller, fit-il... nous n'avons nullement l'intention de nous servir des différents joujoux défensifs et offensifs que nous transportons sur nos personnes.

M. Méjasson, persuadé que le faux agent se moquait de lui, commandait d'une voix rude :

— En attendant, faites-moi le plaisir d'enlever tous deux vos pèlerines.

— Très volontiers, accordait Chantecoq. J'allais même, monsieur le secrétaire, vous en demander la permission, car il fait très chaud dans votre bureau.

Simultanément, le grand limier et le journaliste, se débarrassèrent de leurs pèlerines.

Apercevant une boîte rectangulaire, de la dimension et de la forme d'une boîte de conserves, que Chantecoq tenait sous son bras, Méjasson s'écriait :

— Qu'est-ce que c'est que ça ?

L'agent qui se tenait auprès du grand détective, n'attendit pas que celui-ci eût formulé une réponse... et, brusquement, il voulut lui arracher cet objet, qui lui semblait au moins aussi suspect qu'à son supérieur.

Chantecoq le saisit par le poignet et, sans la moindre brutalité, mais avec une force qui défiait toute résistance, l'immobilisa instantanément... Et, d'une voix bienveillante, mais nuancée cependant d'un peu d'ironie, il fit :

— Ne touchez pas à ça, mon ami, car il y a, là dedans, un diable qui vous sauterait à la figure.

— En voilà assez ! coupait le secrétaire, en frappant un coup de poing sur son bureau.

« Inutile de jouer plus longtemps la comédie... Cette boîte contient une bombe à retardement et vous êtes deux communistes, qui vous disposiez à faire sauter la maison du sénateur Micoulot.

Convaincu, que grâce à cette virulente apostrophe, il avait réussi à intimider les deux présumés conspirateurs, il ajouta :

— Maintenant, êtes-vous disposés à entrer dans la voie des aveux ?

— Oui, monsieur le secrétaire, déclarait Chantecoq, mais à une condition.

— Comment ! vous posez des conditions ?

— Oui, monsieur le secrétaire.

— Vous en avez un aplomb !

— Permettez !...

— Je ne permets rien !

— Un mot, insistait Chantecoq, sur un ton de conciliation déférente.

« Je voulais simplement vous dire que nous sommes prêts, mon ami et moi, à vous raconter toute la vérité... Mais, auparavant, et simplement à titre de curiosité, nous serions très désireux de savoir comment vous avez appris que nous nous trouvions chaussée de la Muette, près de l'immeuble où demeure ce digne représentant du peuple que, si efficacement, vous protégez.

— Je n'ai pas d'explications à vous donner ! répliquait Méjasson avec mauvaise humeur.

— Alors, monsieur le secrétaire, j'ai le regret de vous déclarer que nous resterons bouche close et que nous ne consentirons à nous départir de notre silence, qu'en présence de M. le préfet de police, en personne.

Méjasson se gratta l'oreille.

Il était, en effet, fort embarrassé ! Certes, l'arrestation des deux pseudo communistes, était un succès à son actif, mais s'il ne réussissait pas à les faire parler, ce succès devenait singulièrement compromis... Il fallait donc à tout prix obtenir leurs aveux.

Jugeant que la manière forte serait inutile et peut-être même dangereuse, il se dit :

— Employons plutôt la persuasion... C'est encore le meilleur moyen de leur tirer les vers du nez.

Et, tout en gardant un ton bourru et un air menaçant, il reprit :

— Ce qui m'étonne, c'est qu'après vous être laissés conduire ici, avec tant de docilité, vous adoptiez, maintenant, que vous voilà dans mon bureau, une attitude si différente.

« Après tout, puisque vous y tenez, je ne vois pas pourquoi, je me refuserais à vous donner satisfaction.

« C'est par un coup de téléphone, — anonyme, bien entendu, — que j'ai été averti que deux individus, déguisés en agents, stationnaient devant la maison de M. Micoulot.

« J'ai d'abord envoyé un inspecteur en civil, qui est revenu, me déclarant que ces deux agents, bien que portant le numéro de l'arrondissement, lui étaient entièrement inconnus.

« C'est alors que je me suis décidé à me rendre moi-même sur les lieux.

« Etes-vous contents ?

— Enchantés, monsieur le secrétaire, enchantés ! s'écriait le roi des détectives, tandis que Bellegarde inclinait la tête en signe d'acquiescement.

— Alors, poursuivait Méjasson, je suppose que vous n'allez plus refuser de répondre à mes questions.

— Nous n'avons qu'une parole, monsieur le secrétaire. Nous sommes de très honnêtes gens.

— Votre nom ?

— Chantecoq.

— Hein ?

— Oui. Chantecoq.

— Le roi des détectives ?

— En chair et en os... comme on dit au cinéma.

— Quelle est cette plaisanterie ? martelait Méjasson.

— Je parle très sérieusement... déclarait le limier... La preuve...

Arrachant la moustache qu'il s'était collée sous le nez, puis enlevant son képi, il dit au secrétaire, qui le contemplait avec effarement :

— En doutez-vous, à présent ?

Et, désignant son gendre, qui s'était livré à la même opération que lui, il ajouta :

— Et voici M. Jacques Bellegarde, reporter au *Petit Parisien*.

Méjasson et ses deux agents étaient littéralement médusés.

La physionomie de Chantecoq, en effet, était beaucoup trop connue de tous, pour qu'ils ne fussent pas absolument certains qu'ils se trouvaient en présence de celui qui passait pour le champion mondial des détectives.

C'était bien lui, avec son profil de médaille, son regard à la fois profond et pénétrant, son sourire loyal, affable, bien qu'un peu ironique.

Désarçonné, Méjasson balbutiait :

— Ah ! par exemple ! jamais je ne me serais attendu...

Le prestige de Chantecoq était tel, aussi bien dans les milieux de la police officielle que dans le grand public, que le secrétaire ne savait plus quoi dire ni même quoi penser.

Enfin, il finit par balbutier :

— Monsieur Chantecoq, pourquoi ne vous êtes-vous pas fait reconnaître dès que je vous ai arrêté ?

— D'abord, parce que vous ne m'eussiez peut-être pas cru... et quoi qu'il m'en coûtât, d'abandonner un poste d'observation qui offrait pour moi un très puissant intérêt, j'ai préféré que cette explication, devenue inévitable, eût lieu non pas au dehors, mais dans votre bureau.

Le secrétaire, visiblement perplexe, se taisait.

Devinant ce qui se passait en lui, Chantecoq reprenait :

— Maintenant, il me reste à vous présenter toutes mes excuses de vous avoir placé — oh ! bien malgré moi — dans une situation plutôt délicate.

« Vous êtes, en ce moment, partagé entre le désir de m'être agréable en me relâchant, ainsi que M. Bellegarde, et la crainte, très légitime, des responsabilités.

Méjasson avouait :

— Le fait est que je suis très embarrassé. Je viens d'être nommé, il y a quelques jours, à ce poste. Mon commissaire, M. Pétirat, — vous le connaissez peut-être, monsieur Chantecoq ?

— Je le connais même très bien !... Je sais qu'il n'est pas toujours commode...

— C'est ce que j'allais vous dire, monsieur Chantecoq... J'ajouterai même qu'il m'a un peu dans le nez.

— Tiens, pourquoi ? Vous avez pourtant l'air d'un brave garçon...

— Je le suis, en effet, monsieur Chantecoq ; seulement, je suis Auvergnat.

— Et alors ?

— Pour M. Pétirat, c'est un vice redhibitoire, une tare indélébile.

— Je ne comprends pas.

— M. Pétirat est Parisien... et n'aime que les Parisiens. En dehors d'eux, rien n'existe pour lui. Et il a une telle horreur des provinciaux, que, pour ne pas les voir, il ne s'absente jamais, et passe toutes ses vacances ou congés chez son frère, qui est marchand de vins à Bercy.

« C'est comme ses agents... En voici deux, qui sont d'excellents collaborateurs, très énergiques et d'une bravoure à toute épreuve. Eh bien, M. Pétirat ne peut pas les encaisser, parce que l'un, Rinardi, est Corse et que l'autre, Madurec, est Breton.

— Diable ! diable ! plaisantait Chantecoq, cela va très mal aller pour nous, puisque moi je suis originaire du Loiret et que mon gendre est né au Havre.

« N'importe ! comme je m'en voudrais, cher monsieur Méjasson, de vous causer le moindre ennui, et comme, d'autre part, je voudrais bien récupérer ma liberté dans le plus bref délai, je vous serais très obligé, si vous vouliez bien demander des instructions à votre chef.

— C'est qu'il assiste, ce soir, au banquet de la Société *Paris aux Parisiens*, dont il est vice-président.

— Il est près de minuit ; le banquet doit être terminé.

— Oui, mais, après le banquet, il y a une partie de concert à laquelle prend part M. Pétirat.

— Il est donc musicien ?

— Chansonnier humoriste.

— Ça, j'ignorais.

— Mais j'espère qu'il ne va pas tarder, car, avant de rentrer chez lui, il vient toujours faire un petit tour au commissariat.

Un bruit de pas retentissait dans l'escalier qui donnait accès au premier étage.

Méjasson ne s'était pas trompé. C'était bien M. Pétirat qui, en habit noir, gilet blanc et coiffé d'un chapeau claque, pénétrait en coup de vent dans le bureau de son secrétaire.

— Ah çà ! s'écria-t-il... que signifie cette réunion ? Est-ce que, par hasard, monsieur Méjasson, vous organiseriez ici un soviet d'agents ?

— Vous ne me reconnaissez donc pas ? s'écriait Chantecoq, en se campant devant le magistrat.

— Mais... attendez.

M. Pétirat le fixa en écarquillant ses yeux déjà ronds... puis, il fit avec hésitation :

— On dirait...

— Chantecoq, s'écriait le détective.

Mi-figue, mi-raisin, le commissaire exprimait :

— J'ignorais que vous eussiez repris du service à la préfecture.

« Toi, mon gaillard, se dit le grand limier, si tu veux faire le malin, tu vas trouver quelqu'un pour te répondre. »

— Oh ! pour un soir seulement... fit-il à haute voix... ainsi que mon gendre que je vous présente.

M. Pétirat répondit à peine au salut déférent que Bellegarde lui adressait, et le visage renfrogné, l'air nettement hostile, il reprit :

— Que signifie cette plaisanterie ?

Chantecoq répliquait :

— Mon cher commissaire, vous avez peut-être appris que, contrairement aux principes qui régissent la police moderne, j'ai toujours conservé l'habitude, lorsque j'avais une piste importante à suivre et surtout affairé à un gibier facile à effaroucher, d'employer le vieux système cher à Vidocq, notre modèle à tous : c'est-à-dire le camouflage.

« Eh bien, ce soir, ayant à remplir une mission très délicate, très difficile même, et pour laquelle j'avais prié M. Bellegarde de me prêter son concours, j'ai décidé que nous nous travestirions en agents, uniquement parce que, dans le cas présent, c'était, à mon avis, le plus efficace et le plus sûr des travestissements dont nous disposions.

« Je me suis trompé, je le reconnais, puisque nous avons été très rapidement repérés et que Monsieur votre secrétaire, alerté par un coup de téléphone, est venu nous arrêter avec une dextérité que j'ai le devoir de vous signaler.

Les sourcils froncés, l'air important, M. Pétirat, qui avait déposé son couvre-chef sur la table de son secrétaire, reprenait en lissant ses cheveux qu'il avait abondants et bouclés :

— Monsieur Chantecoq, je n'ai pas besoin de vous faire observer que vous vous êtes mis dans un très mauvais cas.

Le limier ripostait :

— En droit, peut-être, mais en fait, je ne le pense pas.

Le commissaire, « qui n'était pas bon enfant », scandait avec importance :

— Si sincère soit mon admiration pour votre talent, monsieur Chantecoq, je me vois obligé de vous dresser procès-verbal, ainsi qu'à monsieur Bellegarde, pour port illégal d'uniforme et usurpation de fonctions.

— Et sans doute aussi de nous maintenir en état d'arrestation, insinuait le détective.

— Je le devrais, déclarait M. Pétirat... mais en raison de votre personnalité et de celle de Monsieur votre gendre, je consens à vous épargner cette mesure.

— Vous êtes vraiment trop aimable ! s'écriait Chantecoq, d'un ton plutôt gouailleur.

— Mais, à une condition, imposait le magistrat... c'est que vous allez quitter immédiatement ces uniformes.

— Mon cher commissaire, protestait le limier, vous n'allez tout de de même pas nous forcer à rentrer chez nous en caleçon.

M. Pétirat qui n'était pas fâché de brimer Chantecoq, car il nourrissait une animosité toute particulière contre ceux qui travaillaient en « marge de la police », reprenait :

— Vous n'avez qu'à téléphoner chez vous qu'on vous apporte des vêtements de rechange.

— Cela va demander bien du temps... mon cher commissaire, objectait le grand limier, et je vous assure que je n'en ai pas à revendre, j'en ai même beaucoup perdu, et je crains fort que les deux coquins de vaste envergure que je filais n'en aient profité pour prendre le large.

— Deux coquins de vaste envergure, répétait M. Pétirat avec mauvaise humeur... mais cela me regarde... plutôt que vous, monsieur Chantecoq.

— C'est possible, monsieur le commissaire... et c'est même certain... aussi, avais-je l'intention, dès que je les aurais tenus en mon pouvoir, de vous les amener tous les deux.

« Mais maintenant, cela va devenir bien difficile, surtout si, comme je le prévois, ils ont joué la fille de l'air.

— Ce sont des voleurs ? interrogeait le magistrat.

— Non, des assassins.

— Brrr ! voulut plaisanter M. Pétirat, vous me donnez la chair de poule.

— Monsieur le commissaire, vous avez tort de prendre cette histoire à la légère.

— Pourquoi n'en ai-je pas été officiellement saisi ?

— Demandez-le à M. le directeur de la police judiciaire.

— Que me dira-t-il ?

— Il vous dira que, conformément au rapport de l'inspecteur Ménardier, qui a suivi une autre piste, il lui était impossible de soupçonner les véritables coupables d'un et même de plusieurs crimes, qui, j'ai le droit de vous l'affirmer, sans mon intervention, risquaient fort de n'être jamais démasqués.

— Et vous, vous les connaissez ?

— Je les connais.

— Vous en êtes sûr ?

— Absolument sûr.

— Vous avez des preuves ?

— J'en ai.

— Leurs noms ?

— Oh ! monsieur le commissaire, attendez que je les aie bouclés.

— J'ai le droit d'exiger...

— Non, monsieur le commissaire.

— Pardon.

— Veuillez m'écouter.

Mais M. Pétirat, très énervé, s'écriait :

— Je comprends votre tactique. Vous voulez vous réserver, pour vous tout seul, la gloire d'une arrestation sensationnelle.

Finement, le roi des détectives observait :

— Quand on a tiré les marrons du feu, il est tout naturel qu'on les croque.

— Vous refusez de parler ?

— Non, mais avant de vous désigner mes oiseaux, je voudrais être sûr qu'ils ne sont pas envolés.

— Et s'ils se sont envolés ?

— Je ne veux pas être privé du plaisir de les rattraper.

— Question d'intérêt ?

— Ma foi, non.

— D'amour-propre ?

— Plutôt.

— Alors, monsieur Chantecoq, par amour-propre, vous refusez d'être l'auxiliaire de la police.

— Pas du tout ! protestait le limier. Depuis que je travaille à mon compte, je n'ai pas cessé un seul instant d'être son collaborateur, son associé de tous les instants et si l'un a parfois mis des bâtons dans les roues de l'autre, ce n'est pas moi, je vous l'assure et vous ne pouvez tout de même pas me blâmer d'avoir réussi là où Ménardier a échoué.

— Je vous blâme de vous mêler de ce qui ne vous regarde pas, s'énervait de plus en plus le commissaire.

Chantecoq, dont le calme contrastait avec l'agitation de ce dernier, déclarait :

— Nous n'allons pas recommencer cette vieille querelle entre la police officielle et la police privée... Nul plus que moi n'est respectueux de cette grande institution, dont j'ai longtemps fait partie et qui a pour mission la sauvegarde de la société.

« Je sais tous les immenses services qu'elle a rendus à notre pays, qu'elle lui rend encore et qu'elle lui rendra de mieux en mieux, sous l'active et intelligente impulsion de ceux qui la dirigent.

« Je rends hommage à ces actes d'héroïsme désintéressé, de dévouement, trop souvent obscurs, d'habileté, d'initiatives, de ténacité et d'intelligence dont s'honorent quotidiennement, du plus grand au plus petit, ceux qui servent dans ses rangs.

« Et vous allez voir, monsieur le commissaire, si je vous fais la part belle... J'ai un indicible mépris pour toutes ces officines louches telles qu'il en existe trop chez nous et qui, sous des vocables trompeurs : *Sécurité des familles... Renseignements confidentiels*, etc., etc., ne sont parfois que de véritables attrape-gogos, et quelquefois pire. Ainsi comprise, la police privée serait une chose odieuse, un danger public... Qu'on le supprime !... Je serais le premier à crier : « Bravo ! et je me demande même pourquoi, en haut lieu, on attend si longtemps pour prendre une mesure de salubrité qui s'impose tout autant que le balayage de nos rues et l'enlèvement des ordures.

« Mais que l'on réserve toutes ses foudres à ceux qui, ainsi que votre serviteur, n'ont qu'un but, compléter l'œuvre des « officiels », s'associer au besoin à eux dans les tâches pour lesquelles il leur manque souvent le temps et les moyens matériels dont ils auraient besoin ; je trouve cela une lamentable erreur, une suprême injustice.

« Est-ce que la question d'amour-propre devrait exister, lorsque la défense de la société est en jeu ? Est-ce que nous ne devrions pas, au contraire, policiers officiels et détectives privés, entretenir les uns avec les autres un courant de sympathie, de confraternité qui ne pourrait qu'établir entre nous un lien d'action, une base de collaboration officielle et provoquer d'excellents résultats... Est-ce que nous ne devrions pas nous compléter les uns les autres ?

« Votre besogne, à vous, si écrasante, si formidable, en serait considérablement allégée et nous n'aurions plus à redouter, comme hélas ! je l'ai vu tant de fois, que l'intrusion de certains des vôtres, péchant par manque de clairvoyance, excès de zèle et, disons-le aussi, parfois par jalousie professionnelle, ne nous démolissent tout au moment décisif.

« Or, qu'est-ce qui profite de ces rivalités ? de ces dissensions ? Ce sont les criminels.

« Voilà pourquoi, autant je suis l'ennemi déclaré de ces viles collusions qui ne reposent que sur un maigre et méprisable intérêt, autant je suis partisan d'une collaboration loyale et chaque fois que la nécessité s'en fera sentir.

« Mais je bavarde et l'heure tourne. Je m'aperçois, monsieur le commissaire, que je vais vous faire coucher très tard, et, puisque vous en avez décidé ainsi, permettez-moi de téléphoner à mon valet de chambre de m'apporter les vêtements civils dont nous avons besoin, mon gendre et moi, pour regagner décemment nos domiciles.

— Faites, monsieur Chantecoq, autorisait M. Pétirat, que l'éloquente apostrophe du roi des détectives semblait avoir vivement impressionné.

Et pris de remords, il déclarait aussitôt :

— Après tout, tant pis ! Rentrez chez vous tels que vous êtes... C'est encore la meilleure solution.

« Madurec, allez vite chercher un taxi.

Tandis que l'agent se précipitait au dehors, Chantecoq disait au magistrat :

— Mon cher commissaire, je vous remercie infiniment de votre courtoisie. Et je n'ajouterai qu'un mot.

« Si j'ai réussi à vous gagner à mes idées, je regretterai beaucoup moins d'avoir manqué ce soir mes deux coquins.

— D'autant plus, reprenait M. Pétirat avec amabilité, que je suis convaincu que, si vous voulez vous en donner la peine, ils n'iront pas bien loin.

« Mais, c'est égal, je n'aurais pas été fâché de connaître leurs noms.

— Votre parole d'honneur que ce que je vais vous confier restera entre nous ?

— Vous l'avez.

Chantecoq se pencha à l'oreille du commissaire et lui murmura quelques paroles.

M. Pétirat eut un sursaut, puis il proféra :

— Comment, vous croyez que cette femme...

— J'en suis certain !

— Ah ! par exemple !

— Quant à l'homme, c'est une autre affaire, mais ce qu'il y a de certain, c'est que, pour un bandit amateur, il a autant d'audace qu'un professionnel.

— Monsieur Chantecoq, affirmait le magistrat, littéralement époustouflé, si ce n'était pas vous qui me parliez, je dirais que vous vous êtes embarqué dans une bien périlleuse aventure.

« Enfin, vous savez ce que vous faites et surtout ce que vous voulez.

— Je crois, en effet, souriait Chantecoq, que je suis assez grand pour sortir sans ma bonne.

L'agent Madurec revenait, annonçant :

— Le taxi est en bas, monsieur le commissaire.

— Alors, déclarait Chantecoq, il ne nous reste plus qu'à vous dire au revoir.

— Vous ne m'en voulez pas trop ? interrogeait M. Pétirat.

— Vous avez fait votre devoir, répliquait le limier, à mon tour de remplir le mien.

Le commissaire lui serra la main ainsi qu'à Bellegarde et les reconduisit jusqu'au seuil de son bureau.

Puis, revenant vers Méjasson, il s'écria :

— Vous, comme gaffe, vous pouvez vous vanter d'en avoir fait ce soir une belle !

— Comment ça, monsieur le commissaire ! s'exclamait le pauvre diable, qui s'attendait presque à des félicitations.

— Coffrer un homme tel que Chantecoq...

— Cependant...

— Taisez-vous ! Je n'ai pas besoin de vos explications qui ne pourraient manquer d'être aussi saugrenues que vous-même. Si cette histoire s'ébruite, ce n'est pas sur vous, mais sur moi, que va en retomber tout le ridicule... Ah ! vous faites du beau travail, monsieur Méjasson, on voit bien que vous êtes Auvergnat !

Et, tout en ouvrant la porte qui donnait dans son bureau, il martela :

— Décidément, vous ne serez jamais Parisien ! !

. . . .

En montant dans le taxi qui stationnait devant la porte du commissariat, Chantecoq avait lancé à haute voix son adresse au chauffeur, qui, persuadé qu'il « trimballait » deux agents authentiques, avait immédiatement mis sa voiture en route.

Mais, à peine l'auto avait-elle couvert une centaine de mètres, que le roi des détectives, se penchant à la portière, lançait au conducteur :

— Prenez par la Chaussée de la Muette, et arrêtez-vous quand je taperai au carreau.

Le chauffeur eut un signe de tête affirmatif... et Chantecoq se renfonça sur les coussins.

Son aventure ne semblait pas l'avoir ennuyé, au contraire... un sourire de bonne humeur malicieuse errait sur ses lèvres, et, au vif étonnement de Bellegarde qui, pourtant, connaissait à fond le caractère de son beau-père, celui-ci se mit bientôt à siffloter l'air de *Malborough s'en va-t-en guerre*, ce qui révélait de sa part une satisfaction extrême.

Le reporter du *Petit Parisien* se disait :

« Décidément, cet homme est prodigieux. Tout autre que lui serait furieux d'avoir été interrompu en pleine action, juste au moment où il touchait au but.

« Eh bien, pas du tout, il sourit, il siffle, pour un rien, il chanterait et je suis persuadé que si nous étions à pied, il serait capable d'exécuter sur place un foudroyant charleston.

« Je me demande ce qu'il peut bien ruminer en ce moment.

« Je parierais bien n'importe quoi avec n'importe qui, qu'il a déjà su tirer parti de cet avatar, si bien fait cependant pour l'exaspérer... et je ne serais pas autrement étonné si cette nuit déjà si agitée, ne nous réservait pas de nouvelles et même plus captivantes péripéties.

Si désireux Bellegarde fût-il de connaître la suite... pour rien au monde, il ne se fût permis d'interroger Chantecoq, car il avait déjà été trop souvent son collaborateur, pour ne pas avoir remarqué que lorsque le grand limier était en campagne, il était inutile de le questionner, puisque jamais il ne vous accordait de réponse.

Non point qu'il y mit la moindre mauvaise volonté ou qu'il en fît une question d'amour-propre... Non, absorbé, dans ses réflexions, *il ne vous entendait pas.*

Il vivait exclusivement sa pensée, c'est sa pensée concentrée sur un point unique, tendue vers un but, dont rien ne pouvait le détourner, l'empêchant de distinguer et de percevoir toute manifestation extérieure, qui n'était pas directement liée à elle.

Cette faculté si puissante et que possèdent peu de cerveaux humains, était pour beaucoup dans cette extraordinaire maîtrise de lui-même qui, en conservant sa force, permettait à cet autre don personnel, dont la nature l'avait gratifié, c'est-à-dire un flair extraordinaire, de s'exercer sans distraction et dans la plénitude absolue de son raisonnement et de sa volonté.

Voilà pourquoi Bellegarde respectait si scrupuleusement ses silences.

Chantecoq frappait à l'une des vitres avant de l'auto... Le chauffeur ralentit et stoppa chaussée de la Muette, presque à l'endroit où le détective et son gendre, une heure auparavant avaient été interpellés par Méjasson.

— Inutile de descendre, fit le limier...

Il regarda au dehors.

— L'auto n'est plus là, constata-t-il... Je m'y attendais. C'est parfait !

Puis, se tournant vers son gendre, il ajouta :

— Dites-moi, Jacques, placé comme vous l'êtes, vous devez apercevoir, beaucoup mieux que moi, l'hôtel de la Rascolini.

— En effet.

— La fenêtre où nous avons vu se profiler tout à l'heure la princesse et l'homme masqué, est-elle toujours éclairée ?

— Oui, toujours.

— Ah ! ah !

— J'aperçois également les mêmes ombres.

— Celles de nos oiseaux ?

— Parfaitement.

— Oh ! oh !... vous en êtes bien sûr ?

— Absolument.

— Cela devient grave. Attendez un peu, nous allons changer de numéro. Le mieux est que je descende d'abord, et puis, vous. Allons-y.

Ils exécutèrent la manœuvre. Dès qu'il se trouva assis à la place qu'occupait son gendre, Chantecoq prit dans l'une de ses poches une petite lorgnette, qu'il pointa à travers la portière dans la direction de la fenêtre éclairée.

Après quelques secondes d'examen, il replaça tranquillement la lorgnette dans sa poche, tout en murmurant :

— Parbleu, je ne m'étais pas trompé, notre couple de bandits à bel et bien filé pendant que nous étions au commissariat.

— Alors, quels sont ces gens qui les remplacent, d'une façon tellement exacte, que j'aurais juré que c'étaient eux ?

— Vous ne l'avez pas deviné ? lançait le roi des détectives.

— Attendez donc !... Marco... le maître d'hôtel.

— Et la femme de chambre, Suzanne.

Spontanément, le journaliste déclarait :

— Jamais je ne les aurais repérés.

— Le fait est, appuyait Chantecoq, qu'ils sont fort bien camouflés. Seulement voilà, ils ont dû faire vite, et ils ont commis une erreur qui les a trahis.

— Puis-je vous demander laquelle ?

— Le véritable homme masqué avait la joue et l'œil droit à découvert... celui-ci, c'est le contraire. Ce qui prouve qu'après nous avoir repérés et réussi à nous éloigner en téléphonant au commissariat, la belle Impéria et son mystérieux complice, convaincus avec raison, qu'aussitôt libérés, nous reviendrions rôder sous leurs fenêtres, ont voulu nous donner le change et nous faire croire qu'ils étaient toujours là, quand, en ce moment, ils filent à toute allure sur la route de X... Y... ou Z...

« Nous n'avons plus qu'à rentrer tranquillement chez nous.

« Demain matin, il fera jour et tout marchera comme sur des roulettes.

Et, d'une voix joyeuse, il lança au chauffeur :

— Maintenant, avenue de Verzy.

Et tandis que le taxi se mettait en route, il se mit non plus à siffler, mais à chantonner l'air de *Malborough*, ce qui révélait de sa part la plus vive allégresse.

Bellegarde se disait :

« Il m'a stupéfié bien des fois... mais pas autant que ce soir.

« Somme toute, il vient d'essuyer un échec, et jamais je ne l'ai vu aussi joyeux, aussi triomphant, aussi plein de confiance en tout aussi bien qu'en lui-même.

Tout à coup, il se sentit secoué par le bras.

— Eh bien, mon cher Jacques, s'écriait Chantecoq, vous ne dites rien. Est-ce que, par hasard, vous auriez le cafard ?

— Pas du tout, mon cher beau-père, ripostait le reporter... Je croyais que vous « travailliez », et je m'en serais voulu de vous interrompre.

— Je reconnais bien là votre discrétion habituelle... mon bon ami, et croyez que j'y suis très sensible.

« Mais j'estime qu'en voilà assez pour aujourd'hui et que l'heure du repos a sonné.

Et une lueur de malice dans le regard, il ajouta :

— Je crois que nous l'avons bien gagné et que nous allons pouvoir dormir en paix sur nos lauriers.

— Sur nos lauriers ? ne put s'empêcher de murmurer Bellegarde.

— Parfaitement ! appuyait Chantecoq... Mon optimisme vous déroute, n'est-ce pas ?

— C'est-à-dire que...

— Allons, avouez-le, je ne vous en voudrai pas.

Le mari de Colette s'écriait :

— Je vous répondrais oui, si, avec un homme tel que vous, il ne fallait pas s'attendre à tout et au delà.

— A la bonne heure ! Vous venez, mon cher Jacques, de poser la question sur son vrai terrain.

« Et maintenant, voulez-vous que je vous fasse en cinq secs la critique de nos opérations, ou plutôt que je vous répète celles auxquelles vous vous êtes déjà livré en vous-même ?

— Mon cher beau-père, croyez que...

— Ah çà ! vous vous figurez que je vais me formaliser parce que vous vous dites que j'ai commis une imprudence en nous transformant tous les deux en agents, imprudence qui nous a fait arrêter et a permis ainsi à nos « clients » de nous brûler la politesse.

« Eh bien, pas du tout !... Je vous répondrai seulement que nous n'avions pas l'embarras du choix et qu'il était encore plus aléatoire de nous déguiser en joueurs d'orgue de barbarie, en mendigots, en camelots, etc., etc...

« Ce n'était pas la première fois que j'endossais un uniforme de flic et jamais encore il ne m'était arrivé le moindre ennui... Ce soir, ça a été le bec... n'est-ce pas ?... Eh bien, pas du tout !

« Est-ce que vous vous figurez que je n'avais pas prévu cette éventualité ?... ainsi que ses conséquences... Résultat : l'adversaire est battu, puisqu'il est en fuite... Le poursuivre ?... Avec ce taxi ?... Un match entre un escargot et une hirondelle !...

« Mais qu'ils partent, au contraire... C'est superbe ! c'est magnifique ! Ne nous laissent-ils pas ici deux otages de qualité ? Marco et la femme de chambre qui, eux, quand ce ne serait que pour expliquer la disparition de leur maîtresse et de son amant, vont demeurer là... au moins jusqu'après les obsèques du prince. Oh ! alors, ceux-là, je me charge de les cuisiner en cinq secs... et d'obtenir d'eux l'adresse de leur chère patronne que nous irons alors cueillir en douce et que nous ramènerons non moins discrètement non pas à Paris, mais à Marseille, ainsi que son homme masqué.

« Vous voyez d'ici la tête du juge d'instruction Ribécourt. Ah ! mon ami, quelle bouillabaisse d'honneur nous dégusterons ce jour-là, accompagnée d'une bonne bouteille de ce vin exquis de Cavalaire qui vous met si bien le cœur au soleil et le cerveau en fête.

— Vous êtes tout simplement merveilleux ! admirait Bellegarde.

— Mais non ! affirmait modestement Chantecoq. Je connais mon métier et je l'aime... Voilà mon secret.

« Et puis, voyez-vous, il faut toujours partir de ce principe que les obstacles et la difficulté sont les meilleurs garants de la victoire.

« En effet, ils nous forcent à réfléchir, à tirer parti de tout, y compris des erreurs dont nul n'est exempt, à profiter des moindres circonstances et, surtout, à ne jamais se décourager, ni à se laisser surprendre.

Le taxi s'arrêtait. Ils étaient arrivés avenue de Verzy.

Chantecoq régla le chauffeur et pénétra dans la maison avec Bellegarde... Tout était calme et silencieux... Ils gagnèrent le laboratoire, afin de se débarrasser de leurs défroques d'agents.

Bellegarde allait regagner la chambre qu'il occupait, chaque fois que, seul ou avec sa femme, il passait la nuit chez son beau-père... lorsque, dans le silence, vibra l'appel du téléphone.

Tous deux s'en furent dans cette pièce... Chantecoq saisit l'appareil et écouta.

Aussitôt, il fit, en tendant le second écouteur à son gendre :

— C'est Colette qui nous téléphone.

La voix de la jeune femme lançait dans l'appareil :

— Venez vite tous les deux... Il vient de se passer ici des choses que je ne peux pas vous expliquer par téléphone... mais elles sont assez graves pour nécessiter votre présence immédiate.

« N'ayez aucune inquiétude pour moi, ni pour elle... Tout va bien... mais quelle alerte !

Chantecoq répliquait :

— Nous serons là dans une demi-heure.

Bellegarde décidait :

— Je vais chercher ma voiture que j'ai laissée au garage.

— C'est cela ! pendant ce temps, je vais rédiger une note pour Météor et Gautrais... La consigne est changée et il est inutile qu'ils s'en aillent demain matin, à six heures, chaussée de la Muette, puisque nous n'y serons pas.

— Je vous attends avenue des Ternes, faisait Bellegarde.

— C'est cela.

— J'y serai dans dix minutes.

— Moi aussi.

Le reporter s'élança au dehors. Tout en s'installant à sa table et en s'armant de son stylo, Chantecoq murmura :

— Pour que Colette m'ait téléphoné ainsi, il faut qu'il y ait eu là-bas un sérieux grabuge...

« Inutile d'ailleurs de me creuser les méninges, puisque je m'en vais être fixé tout à l'heure.

« Mais je ne serais pas autrement surpris si la Rascolini et son mystérieux amant avaient été déposer là-bas leur carte de visite.

IX

OU CHANTECOQ S'APERÇOIT QUE L'ÉNIGME QU'IL A
A DÉBROUILLER EST ENCORE PLUS OBSCURE ET
PLUS TRAGIQUE QU'IL NE SE L'IMAGINAIT.

Depuis leur mariage, qui avait été célébré
deux ans auparavant, M. et Mme Bellegarde
demeuraient dans une très jolie villa, située
entre Saint-Germain et Carrière, sur le
coteau qui domine la Seine, presque en
lisière de la forêt.

C'était ce délicieux et discret abri que
Chantecoq avait choisi pour retraite à Mme de
Roscanvel, où le meilleur accueil lui avait
été réservé par le jeune ménage qui, tout de
suite, s'était pris de sympathie pour cette
charmante jeune femme, dont le détective
leur avait narré la si douloureuse infortune.

Il avait été entendu que, vis-à-vis des domestiques, Mme de Roscanvel passerait pour
une amie de Mme Bellegarde, qui après la
mort de son mari, était venue passer quelque temps auprès d'elle.

Chantecoq avait bien recommandé à la
comtesse de ne pas sortir, de ne pas se montrer à personne, et d'éviter la moindre rencontre qui fût de nature à provoquer une
dénonciation et à attirer ainsi sur elle l'attention de la police.

La jeune femme s'était formellement enga-
gée à se conformer aux prescriptions du
détective... et celui-ci était d'autant plus rassuré, qu'il savait pouvoir entièrement compter sur sa fille qui, avant son mariage, avait
été pendant trois années sa secrétaire et col-
laboratrice et était, par conséquent, pénétrée
de sa méthode et de ses principes.

Voilà pourquoi, tout en filant à vive allure
sur la route de Paris, à Saint-Germain, dans
la six cylindres HP que Bellegarde pilotait,
avec une habileté toute professionnelle, le
grand limier se disait :

« Il n'y a pas d'erreur, il s'est produit là-
bas, un coup de Trafalgar et Colette a dû
avoir de l'ouvrage, mais puisqu'elle me dit
que tout va bien, pas besoin de nous en
faire. »

Comme toujours, Chantecoq ne se trompait pas...

En arrivant à la villa du Bel Air, il allait
voir ses prévisions se confirmer au delà
même des limites un peu vagues qu'il s'était
fixées.

Colette, qui guettait impatiemment son
père et son mari était accourue vers eux, dès
qu'elle avait entendu l'auto stopper devant
le portail en bois, recouvert d'un petit toit
de chaume, qui donnait accès dans la propriété.

Chantecoq et Bellegarde sautèrent vite à
bas de l'auto, embrassèrent tour à tour
Colette qui paraissait vivement émue.

Tandis que Bellegarde ouvrait le portail à
deux battants, retournait vers sa six cylindres et s'apprêtait à la conduire dans un garage situé au fond du jardin, derrière la
maison, le roi des détectives demandait à sa
fille :

— Que s'est-il donc passé ?

— Mme de R... va vous le dire elle-même,
répondit Mme Bellegarde à voix basse, en regardant instinctivement autour d'elle,
comme si elle redoutait d'être épiée par un
observateur invisible.

— Et les domestiques ? demandait le détective.

— Ils ne se sont pas réveillés.

— Cela vaut mieux.

— En effet, mais vous allez en juger par
vous même.

Tout en parlant, ils avaient suivi une allée
qui conduisait à un pavillon d'architecture
agréable et d'assez vastes dimensions.

Ils pénétrèrent dans un vestibule et de là
dans un petit salon à l'éclairage très tamisé,
mais suffisant cependant, pour laisser apercevoir à demi étendue sur le divan, la comtesse de Roscanvel qui, à la vue du détective,
se redressa en disant :

— Ah ! monsieur Chantecoq, comme vous êtes bon d'être arrivé ainsi, tout de suite à l'appel de Mme votre fille.

Et debout, pâle, frémissante, elle s'écria :

— Je vais vous révéler un fait, que vous jugerez impossible, invraisemblable, absurde... C'est pourtant la vérité.

Et elle martela d'une voix fiévreuse :

— *Mon mari est vivant !*

Malgré son formidable empire sur lui-même, le grand limier eut un sursaut.

— Vous dites, madame ? fit-il d'un ton incrédule.

Avec un accent de conviction et de sincérité, qui rendait encore son affirmation encore plus bouleversante, Mme de Roscanvel répétait :

— JE DIS QUE MON MARI EST VIVANT !

Et, tout de suite, elle poursuivit, oppressée et encore sous le coup du bouleversement dont elle portait les traces sur son visage :

— N'allez pas croire que je vous mens.

— Oh ! madame, loin de moi une pareille pensée.

— Ni que j'ai été victime d'une erreur, d'une hallucination ou le jouet d'un rêve, d'un cauchemar. Non, j'étais bien éveillée, entièrement consciente de la réalité.

Et, tout en s'efforçant d'être calme, Mme de Roscanvel expliqua :

— Conformément à vos instructions, monsieur Chantecoq, j'étais restée toute la journée dans ma chambre, où Mme Bellegarde, très aimablement, avait bien voulu me tenir compagnie.

« J'étais seulement descendue dîner, et comme il faisait une très belle soirée, la nuit venue, ainsi que vous m'en aviez donné l'autorisation, je m'en fus, toujours avec Mme votre fille, faire un petit tour dans le jardin...

« Le temps était magnifique... Nous nous assîmes sur un banc au bord de la terrasse qui domine la route conduisant à la forêt... Nous nous y attardâmes jusqu'à onze heures du soir... Il faisait si bon... Autour de nous,

tout était silencieux... Cet air si pur, tout imprégné de la bonne senteur des feuilles voisines était si doux à respirer, que j'éprouvai une grande détente physique, bientôt suivie d'un apaisement moral, qui me causait un bien infini.

« Et puis, la conversation si agréable de ma charmante compagne, me faisait paraître le temps si court que, lorsque les douze coups de minuit sonnèrent au clocher d'une église voisine, j'étais convaincue qu'il n'était pas plus de vingt heures.

« Nous rentrâmes à la maison. Je montai dans ma chambre.

« Pour la première fois, depuis de si longs et si tristes jours, j'avais l'espoir de passer une bonne nuit. Je me sentais moins désespérée. Une sorte de voix intérieure me prédisait que, grâce à vous, monsieur Chantecoq, mes angoisses allaient finir et que l'abominable accusation qui pesait sur M. Guéret et aussi sur moi, allait s'effondrer lamentablement, lorsqu'en me déshabillant, je m'aperçus qu'une barrette en brillants que je portais à mon corsage avait disparu.

« J'y tenais d'autant plus, que c'était le dernier souvenir que mon mari m'avait donné.

« Je me rappelai que quelques instants auparavant, lorsque je me trouvais sur le banc de la terrasse auprès de Mme Bellegarde, en me relevant, j'avais fait un mouvement brusque et qu'alors j'avais perçu assez nettement le bruit d'un objet léger heurtant un morceau de bois, et auquel je n'avais prêté aucune attention.

« Je me dis que c'était peut-être ma barrette qui s'était détachée et avait touché le banc en tombant. Je résolus d'aller tout de suite à sa recherche.

Tandis que Mme de Roscanvel s'exprimait ainsi, Bellegarde, après avoir garé son auto, était rentré dans le petit salon sur la pointe des pieds et écoutait à son tour la narratrice qui poursuivait :

— Je descendis à pas de loups, afin de

n'éveiller personne... je gagnai le jardin et comme je m'approchais du banc, je crus voir une ombre qui rampait à l'abri de la haie de troènes qui court le long de la terrasse.

« Je restai figée sur place.

« De l'endroit où je me trouvais, il était impossible à l'individu qui avait pénétré dans le jardin, de m'apercevoir.

« Je ne risquais donc rien.

« La curiosité étrange, mais irrésistible qui m'incitait à voir, à me rendre compte, avait entièrement dissipé la frayeur que m'avait tout d'abord causée cette brusque apparition.

« J'entendis à ce moment, des petits craquements de branches. L'ombre, qui s'était un instant effacée derrière la haie, reparut beaucoup plus près de moi... se précisant, à la clarté des étoiles... et je distinguai alors nettement, à la distance d'une vingtaine de mètres environ, la silhouette d'un homme de haute stature qui se courbait et cherchait à s'approcher de la maison, en se glissant le long du massif, qui se trouve en face de la porte d'entrée, tout en haut de l'allée principale.

« Vous constaterez, monsieur Chantecoq, que bien que très émue, je n'étais pas à ce moment troublée outre mesure, puisque j'ai pu noter tous ces détails et qu'ils sont restés nettement gravés dans ma mémoire.

Chantecoq eut un hochement de tête approbatif et Mme de Roscanvel continua aussitôt.

— Maintenant, j'entendais distinctement dans la direction du massif, derrière lequel s'était dérobé le visiteur nocturne des pas très lents, très mesurés, qui faisaient grincer le gravier de l'allée.

« A reculons, je fis un mouvement tournant vers la maison.

« Comme je n'en étais plus qu'à quelques mètres, je vis tout à coup l'homme s'élancer hors du massif, bondir vers moi, les mains étendues en avant... comme s'il voulait m'étrangler.

« Appeler au secours, je n'en avais plus le temps. Me croyant perdue, je fis semblant de m'évanouir et je me laissai glisser à terre.

« L'homme se pencha vers moi... Je m'aperçus alors qu'il portait un masque noir qui lui dissimulait aux trois quarts la figure.

« Il m'examina un instant... Je retenais mon souffle...

« Je me demandais : Est-ce un cambrioleur ou un policier?... Et je maudissais cette curiosité, où plutôt cette force mystérieuse qui m'avait contrainte à demeurer là, et m'avait empêchée de donner l'éveil... lorsqu'un coup de sifflet strida dans la direction de la forêt.

« L'homme masqué se releva... Je respirai un peu plus librement... Il allait s'éloigner, mais tout à coup, une vive clarté nous environna. Le globe électrique qui est placé devant la maison, venait de s'allumer, répandant autour de lui son puissant rayonnement.

« L'homme poussa un cri... Je tressaillis... Il me semblait connaître le son de cette voix.

« Galvanisée, je me redressai et poussée par un instinct subit et forcené, je m'élançai vers l'homme qui s'évadait du cercle de lumière, dont il avait été soudainement environné et s'était réfugié dans le massif.

« Je le rejoignis au moment où il se préparait à regagner la terrasse.

« Alors, se retournant vers moi, il braqua contre ma poitrine le canon d'un revolver... J'eus la sensation foudroyante que j'étais perdue, que toute fuite m'était impossible...

« Mais au lieu d'appuyer sur la gâchette de son arme, mon agresseur s'écroulait sur le sol... et Mme Bellegarde, surgissant des ténèbres, me saisissait le bras en disant :

— Pas un mot... je viens de l'étourdir d'un coup de casse-tête à la nuque... Tâchons, à nous deux, de le traîner jusqu'à la maison, en évitant surtout de réveiller les domestiques.

— Bravo! Colette! ponctuait Chantecoq.

Je vois que tu n'as pas oublié mes leçons ni mes conseils.

Et il ajouta, en s'adressant à la comtesse :

— Pardonnez-moi, madame, d'avoir interrompu votre récit à un moment si palpitant, mais je n'ai pu résister au désir de complimenter ma fille et mon élève.

— Et moi, déclarait Bellegarde, je ne puis résister à celui de l'embrasser.

— Je n'ai fait que mon devoir, se défendait la jeune femme.

Et après avoir rendu à son mari un bon et tendre baiser, elle dit à Mme de Roscanvel :

— Veuillez continuer, madame.

Marie-Thérèse reprenait :

— Non sans peine, nous parvînmes à transporter le corps inanimé de l'homme masqué jusqu'à la buanderie... Mme Bellegarde alluma l'électricité. Je restai debout, immobile, comme pétrifiée, devant cet homme qui ne donnait plus signe de vie.

« Mme Bellegarde, qui avait reconquis son merveilleux sang-froid, me dit :

« — Maintenant, enlevons-lui son masque.

« Mme Bellegarde se baissa, souleva la tête de l'inconnu, toujours inanimé, et l'appuya contre la muraille.

« Fort adroitement, elle enleva le voile de soie noire très épais qui recouvrait le visage de l'homme...

« Il y en avait un second. En cas de surprise, le... je ne sais plus comment le qualifier, *lui* enfin, avait pris toutes ses précautions.

« Le second masque subit le sort du premier... Un cri de stupeur et d'épouvante m'échappa... je venais de reconnaître mon mari.

Un sanglot déchira la poitrine de la malheureuse qui, bien que brisée, à bout, poursuivait :

— Je me précipitai vers lui, je voulus le voir de très près... afin d'être bien sûre que je ne m'étais pas trompée... C'était lui... Je ne pouvais pas en douter... Je l'appelai : Robert... Robert... Il ne me répondit pas... et pourtant, il respirait... Ses paupières commençaient même à s'entr'ouvrir. Il devait m'apercevoir... me reconnaître...

« Je ne cessai d'appeler : « Robert ! Robert ! » Alors, ses yeux s'ouvrirent tout grands et je n'oublierai jamais leur expression effroyable... toute de haine et de fureur atroce... Ses mains, largement ouvertes, s'avancèrent vers moi, comme s'il voulait encore m'étrangler... puis il retomba sur le côté, de nouveau anéanti.

Brisée, à bout, la comtesse Marie-Thérèse ne put que murmurer :

— Mme Bellegarde, je n'en puis plus. Je vous en prie, racontez à votre père ce qui s'est passé ensuite.

Colette reprit aussitôt :

— Je crus que Mme de Roscanvel allait s'évanouir et je me précipitai vers elle. A ce moment, notre prisonnier se dressait brusquement sur ses jambes et bondissant par la porte qui était restée ouverte, il s'élançait dans le jardin et disparaissait avant même que j'aie pu m'élancer sur ses traces.

« Le seul indice que j'aie recueilli est le bruit d'une auto rapide qui s'éloignait dans la direction de la forêt.

« Alors, j'ai rejoint Mme de Roscanvel, je l'ai aidée à regagner cette pièce et je vous ai immédiatement téléphoné.

— Bien ! fit simplement Chantecoq, qui avait repris toute son apparente impassibilité.

Et il ajouta :

— J'avais prévu que nos gens de la Chaussée de la Muette viendraient déposer ici leur carte de visite, mais je n'aurais jamais cru...

Il s'arrêta, comme s'il craignait d'aviver encore la douleur qui étreignait la douleur de la comtesse Marie-Thérèse.

Mais celle-ci qui, vaillamment, s'efforçait de réagir, reprenait :

— Parlez, monsieur Chantecoq, je vous en supplie. Si effroyable soit pour moi cette rencontre, je ne puis pas oublier que nous avons un innocent à sauver, et que maintenant nous possédons la preuve que Julien Guéret n'a pas pu assassiner mon mari, *puisque celui-ci est vivant.*

— Madame, reprenait gravement Chantecoq, avant tout, laissez-moi admirer votre courage. Malgré le coup affreux qui vient de vous frapper vous n'avez pas cessé de penser un seul instant à celui auquel on a voulu faire expier *un crime qu'il n'avait pas commis.*

Se roidissant contre la dépression qui l'avait abattue, Mme de Roscanvel s'écriait :

— Quoi qu'il puisse arriver et quand bien même devrais-je en mourir de douleur et de honte, je veux que toute la lumière se fasse... et grâce à vous, monsieur Chantecoq, elle se fera.

— En tout cas, madame, affirmait le détective, je vais m'y efforcer de mon mieux... Auparavant, j'aurais besoin d'être certain que vous n'avez pas été le jouet d'une hallucination, ou d'un phénomène d'auto-suggestion.

— Je suis certaine que non ! affirmait la jeune femme.

Encouragée par l'exemple que me donnait madame votre fille, j'avais à ce moment reconquis tout mon sang-froid, et il est impossible que j'aie commis une erreur.

Chantecoq soulignait :

— Il est d'ailleurs très facile de nous en assurer.

Et prenant dans son portefeuille la photo du comte Robert qu'il avait emportée le soir où il avait perquisitionné dans l'hôtel de la rue Henri-Heine, il la plaça sous les yeux de Colette en disant :

— Est-ce bien cela ?

— Oui, père ! répliqua Mme Bellegarde sans la moindre hésitation.

— Maintenant, conclut le détective, il n'y a plus qu'à le rattraper dès que, ce qui ne tardera pas, j'aurai découvert son adresse.

— Monsieur Chantecoq, intervenait Mme de Roscanvel, pour être aussi affirmatif, vous devez savoir certainement bien des choses.

— Pas mal, en effet.

— Et peut-être déjà pourriez-vous m'expliquer comment un homme qui m'a donné tant de preuves d'amour et qui, quelques secondes encore avant de disparaître me parlait avec une tendresse dont j'entends encore les accents vibrer à mes oreilles, ait pu me trahir de la sorte... en se faisant passer pour mort, en laissant accuser Julien Guéret de l'avoir assassiné et moi d'avoir été la complice et même l'instigatrice de ce crime ?

— Je pourrais, en effet, vous répondre, répliquait franchement le grand limier... mais cela nous entraînerait trop loin...

« Vous avez besoin, madame, de vous remettre de la tragique émotion que vous venez de subir, et moi de prendre les quelques heures de sommeil qu'il me faut pour être demain tout à fait d'attaque.

« Je me contenterai de vous dire, madame, que de deux choses l'une : ou le comte Robert de Roscanvel est le plus fieffé des gredins, ou il a été frappé d'une sorte de démence qui l'a entraîné sur la pente fatale au bas de laquelle vous venez de le retrouver.

« Les données que je possède déjà me font plutôt pencher vers cette seconde hypothèse.

— Le malheureux !

— Je ne puis, quant à présent, vous en dire davantage. Suivez mon conseil... Efforcez-vous d'être calme, très calme... Regagnez votre chambre... Colette va vous accompagner et dites-vous que vous êtes ici entourée d'amis qui feront tout pour vous défendre, et aussi pour vous consoler.

— Vous avez raison, monsieur Chantecoq, je vais me retirer... Je vous verrai demain matin, n'est-ce pas ?

— J'ai peur que cela ne vous contraigne à vous lever bien tôt... car je compte regagner Paris dès la première heure.

— Je serai debout !.. Bonsoir, monsieur Chantecoq. Bonsoir, monsieur Bellegarde...

Si vous saviez combien je suis touchée de tout ce que vous faites pour moi !

Elle tendit les mains au détective et au reporter, qui les serrèrent avec effusion.

Chantecoq fit simplement :

— Je n'ose pas vous souhaiter une bonne nuit. Je vous dis seulement : bon courage !

Colette s'en fut avec Mme de Roscanvel qui maintenant, versait doucement, très doucement, des larmes apaisantes.

Seul avec son gendre, le grand limier s'écria, le visage subitement rayonnant :

— Eh bien, maintenant, je tiens toute l'affaire. Elle se résume ainsi :

« La Rascolini a envoûté le comte de Roscanvel et en a fait un bandit. Voilà tout !

— Cependant, objectait Bellegarde, il y a un cadavre.

— Parbleu ! et ce cadavre est celui du fils Kérénot.

— Comment se fait-il qu'on l'ait reconnu pour celui du comte Robert ?

— D'abord, parce qu'il était entièrement défiguré, et qu'ensuite ses meurtriers avaient pris la précaution de glisser dans ses poches des objets et des papiers appartenant à Roscanvel.

— Tout cela est fort plausible... mais comment expliquez-vous l'identité des vêtements ?

— Rien de plus simple... Kérénot et Roscanvel étaient, ainsi que l'indiquent leurs photos, de la même taille et de la même corpulence. Rien n'aura été plus facile à la Rascolini, qui avait dû préparer son coup de longue date, d'accord avec Roscanvel, de faire parvenir à celui-ci un vêtement de sport exactement semblable à celui que portait Kérénot lorsqu'il est parti de Paris en auto pour tomber dans le guet-apens que la belle Impéria lui avait tendu.

— Oui, c'est bien cela ! appuyait le reporter.

— Ce couple de bandits avait monté cette affaire de main de maître... Pour une princesse authentique et un comte qui ne l'est

pas moins, c'est du beau travail. Décidément, quand les gens du grand monde se mettent à être des crapules, ils ne le sont pas à moitié ! ! !

— Pourtant, objectait Bellegarde, ils avaient d'autres moyens d'en arriver à leurs fins.

« Pourquoi toutes ces complications ? Pourquoi ce crime, à priori inutile ? En admettant qu'entraînés par une passion irrésistible et partagée, ils aient eu la volonté arrêtée de reconquérir leur liberté... n'avaient-ils pas le divorce pour les libérer.

— Évidemment... concédait Chantecoq... *Le mystère du train bleu* n'est pas encore élucidé... Il reste encore certains points obscurs à dissiper... tel celui que vous me signalez... mais un peu de patience, mon cher Jacques, tout s'éclaircira. Rien ne restera dans l'ombre, et lorsque vous raconterez cette histoire à vos lecteurs, nul d'entre eux ne pourra vous reprocher d'avoir négligé ou oublié le plus léger détail, je vous en donne ma parole.

« Là-dessus, allons nous coucher.

— Je vais dire à Colette de préparer votre chambre.

— Inutile. Je serai merveilleusement bien sur ce divan. Quelle heure est-il ? Deux heures... C'est magnifique, cela me fait cinq heures de sommeil... C'est plus qu'il ne m'en faut pour ne pas avoir besoin de dormir la nuit prochaine.

Le beau-père et le gendre se serrèrent affectueusement la main.

Quelques minutes après, Chantecoq, qui, entre autres dons particuliers, possédait celui de pouvoir dormir et se réveiller à volonté, reposait profondément.

A sept heures du matin, il était debout, aussi frais et dispos que de coutume.

Quelques instants après, Bellegarde, tout aussi d'aplomb que lui, le rejoignait dans la salle à manger, où on leur servait un excellent chocolat.

— Mon cher Jacques, disait le détective, je

vais vous demander de me reconduire à Paris et, si vous le pouvez, de rester avec moi aujourd'hui, car cette journée doit être décisive, et j'aurai certainement besoin de vos services.

— Trop heureux de vous être agréable, affirmait le reporter... J'ai téléphoné ce matin à mon journal que j'étais sur une affaire sensationnelle, ce qui est la vérité absolue. Je suis donc entièrement libre.

— A la bonne heure ! scandait Chantecoq. Je ne serais pas fâché que vous assistiez à la bataille suprême, qui va s'engager, et sans doute aurai-je besoin mieux que d'un témoin, c'est-à-dire d'un assistant.

— Enchanté !

— Vous m'avez déjà donné lors de l'affaire du *Fantôme du Louvre* assez de preuves de votre courage et de votre savoir faire pour que je puisse entièrement compter sur vous.

Et Chantecoq avec un fin sourire ajouta :

— Je crois d'ailleurs que nous n'allons pas nous ennuyer.

Bellegarde reprenait :

— J'en suis sûr... Et puis je serais très heureux et très fier si je pouvais vous aider à faire coffrer ces deux immondes bandits et à faire éclater l'innocence de Julien Guéret et de Mme de Roscanvel.

— Bonjour père, lançait une voix toute de jeunesse et d'harmonie.

C'était Colette qui, délicieuse en un deshabillé du matin, s'avançait vers le détective.

— Bonjour, ma chérie, fit celui-ci en l'embrassant paternellement...

« Pas trop fatiguée ?

— Fatiguée, moi !

— Dame ! après les événements de la nuit dernière.

— Le roi des détectives a donc oublié que j'étais sa fille.

Et avec une moue charmante, la jeune femme poursuivit :

— Par exemple, je suis furieuse.

— Contre qui ?

— Contre moi.

— La cause ?

— Comment, père, vous ne la devinez pas ?

— Ma foi non !

— N'ai-je pas laissé évader l'homme masqué ?

— C'est déjà très beau que tu aies réussi à le désarmer et à l'empêcher d'assassiner sa femme.

— Le fait est que ça avait très bien commencé, mais cela aurait pu beaucoup mieux finir.

— Console-toi, ma chère Colette, reprenait le grand limier.

Et d'un air quelque peu mystérieux il définit :

— *Il est préférable que M. de Roscanvel ait réussi à s'enfuir.*

Colette eut un léger sursaut, mais elle se tut.

Chantecoq poursuivit :

— Tu voudrais savoir pourquoi, incorrigible petite curieuse ?

— Père, si je suis curieuse, je suis non moins discrète.

— Je le reconnais volontiers... et pour te récompenser de ta discrétion, je vais immédiatement satisfaire ta curiosité.

— Comme vous me gâtez !

— Tu l'as bien mérité, n'est-ce pas, Jacques.

— Elle le mérite toujours, appuyait le reporter avec un accent de conviction tendre et joyeuse.

Chantecoq expliquait :

1° La fuite de Roscanvel nous a épargné une scène cruelle entre sa femme et lui... ce qui n'est pas à dédaigner.

2° Sachant la princesse de Rascolini en liberté, il se fût certainement renfermé dans un mutisme qui n'eût pas précisément contribué à éclaircir le *Mystère du train bleu*. Or, quand je m'occupe d'une affaire, je ne me contente pas d'une demi solution, je veux la pousser jusqu'au bout et pour rien au monde je ne mettrais un point final sur des hypothèses.

3° Enfin, je ne dois pas oublier que je suis chargé aussi d'une autre affaire, d'une autre mission qui m'a été confiée par une mère : Mme Kéréhot.

« Si peu intéressant soit son fils, j'ai promis à cette pauvre femme de faire toute la lumière. Maintenant que je suis certain qu'il a été assassiné par la princesse, probablement de mèche avec Roscanvel, il faut que le ou les assassins soient punis... Ils le seront.

« Eh bien, ma petite Colette, es-tu contente ?

— Oui, père, je vous retrouve comme toujours, avant tout, mieux que le soldat, le champion de la justice.

— Maintenant, parlons un peu de cette pauvre Mme de Roscanvel.

— Hier soir, épuisée de fatigue, elle s'est endormie d'un sommeil de plomb. Elle doit reposer encore.

— Inutile de la réveiller.

— C'était bien mon intention.

— La malheureuse ! plaignait Bellegarde. On pourra dire qu'elle aura vécu un véritable calvaire.

— Calvaire qui ne fait que commencer... observa la fille du détective.

« Se dire qu'un homme qu'on a chéri, adoré par-dessus tout, en qui on avait une confiance illimitée et dont on se croyait aimée avec usure, non seulement vous a abominablement trahie, mais est encore devenu le plus odieux des criminels, n'y a-t-il pas de quoi briser à tout jamais un cœur, endeuiller pour toujours une existence.

— C'est vrai ! approuvait le reporter.

Le regard éclairé par le reflet d'une lumineuse bonté, Chantecoq déclarait :

— Certes, Mme de Roscanvel a dû souffrir atrocement et sans doute souffre-t-elle encore ? Il faut du temps pour cicatriser une telle blessure. Et en admettant, ce qui est possible, que l'horreur que ne peut manquer de lui inspirer la conduite effroyable de son mari ne suffise pas à effacer d'elle la hantise du drame atroce qu'elle vient de vivre, n'aura-t-elle pas la consolation de se dire qu'il existe un homme qui l'a aimée assez héroïquement, assez immensément pour s'accuser d'un crime qu'il n'avait pas commis afin qu'elle ne fût pas effleurée elle-même d'un infâme soupçon.

« A cette preuve d'amour si sublime elle ne pourra répondre que par une reconnaissance fervente entre toutes... Et le temps fera le reste.

— Je sais que vous êtes bon prophète, reprenait Colette, et je souhaite que comme toujours, votre prédiction se réalise.

— Et moi aussi ! ponctuait Chantecoq... Et maintenant, en route pour Paris.

Bellegarde faisait :

— Je vais sortir ma voiture.

Il se dirigeait vers la porte, lorsqu'elle s'ouvrit...

Pâle, le visage encore bouleversé par les émotions de la veille, mais d'une beauté émouvante en ses vêtements de deuil, Mme de Roscanvel pénétrait dans la salle à manger.

— Monsieur Chantecoq, fit-elle, ainsi que je vous l'avais dit hier soir, je n'ai pas voulu vous laisser partir sans prendre congé de vous. Et puis, je voulais vous dire certaines choses.

Bellegarde et sa femme esquissèrent un mouvement de retraite, mais la comtesse Marie-Thérèse les retint.

— Restez, au contraire.

Et, d'une voix grave, elle poursuivit :

— J'ai eu cette nuit un cauchemar épouvantable... Je ne crois pas aux avertissements, aux pressentiments... Bien que Bretonne, je ne suis pas superstitieuse.

« Bref, voilà ce que j'ai rêvé.

« Je voyais Julien Guéret dans sa prison... Il m'appelait... Il me tendait les bras, je m'efforçais de le rejoindre, mais une barrière invisible me séparait de lui. Tout à coup, en un élan désespéré, je le vis se jeter tête baissée contre le mur de sa cellule pour retomber le crâne fracassé... Je pus alors m'approcher de lui. Il était mort... Je me suis réveillée en proie à une angoisse terrible et, depuis ce moment, je ne cesse de me répéter :

« — Pourvu qu'il ne se tue pas ! Pourvu que la vérité ne se fasse pas trop tard !

« Alors, je vous demande, monsieur Chantecoq, afin de libérer ma conscience, si, après ce qui s'est passé ici la nuit dernière, je n'ai pas le devoir de prévenir immédiatement la justice que mon mari est vivant, et que le crime dont on accuse Julien Guéret n'a donc pas existé.

Le roi des détectives répliquait :

— Je ne puis, madame, que m'incliner respectueusement devant le sentiment qui vous a inspiré le désir d'un tel geste.

« Je doute, en effet, que le juge d'instruction Ribécourt accorde à votre déclaration toute la créance qu'elle mérite... Son siège est fait... Il croit Julien Guéret coupable, vous aussi, puisqu'il a signé un mandat d'arrêt contre vous. Il ne vous écoutera pas. Vous m'objecterez qu'il y a le témoignage de Mme Bellegarde, mais Mme Bellegarde est ma fille. J'ai été chargé par vous de faire une enquête qui a pour but de vous disculper, ainsi que Julien Guéret, de l'accusation dont vous êtes l'objet... M. Ribécourt ne tiendra donc aucun compte de l'attestation de Colette.

« Je vous demande de ne pas risquer de compromettre, par une démarche généreuse, mais prématurée, le succès final et décisif qui ne saurait plus tarder... Je ne réclame de votre patience qu'un délai de quarante-huit heures. Est-ce trop exiger ?

— Certes non, monsieur Chantecoq.

— Quant à Julien Guéret, soyez rassurée. Hier, j'ai télégraphié à son avocat que *tout allait bien*, et qu'il pouvait, sans crainte de le leurrer, affirmer de ma part à son client, que je touchais presque au but. Tout va donc bien aussi de ce côté.

— Monsieur Chantecoq, vous pensez à tout.

— Je pense à vous, madame, et à celui que son attitude admirable, son dévouement magnifique à votre cause, m'a rendu sacré !

« Soyez en paix, votre cœur connaîtra bientôt le repos que doit goûter déjà votre conscience.

Mme de Roscanvel tendait la main au détective, lorsque Bellegarde qui, depuis un instant, avait gagné la fenêtre, s'approchait de son beau-père et lui glissait quelques mots à l'oreille.

Chantecoq s'en fut, à son tour, jeter un coup d'œil au dehors.

— Ah ! le gredin, murmura-t-il entre ses dents... il l'a dénoncée... Mais rira bien qui rira le dernier.

Le timbre d'entrée résonnait.

— Mon cher Jacques, disait Chantecoq, allez leur ouvrir vous-même...

Et rejoignant Mme de Roscanvel qui, saisie d'une inquiétude soudaine, s'était approchée de Colette, il fit :

— Madame, je vous prie instamment de conserver tout votre sang-froid... Votre retraite est découverte... On vient vous arrêter... mais promettez-moi, jurez-moi que vous vous garderez bien de dire à qui que ce soit que le comte de Roscanvel est vivant.

— Je vous le promets.

— Du courage ! C'est la dernière épreuve. Elle sera brève, je vous le garantis. M. le juge d'instruction Ribécourt ne se doute pas du coup de théâtre que je lui prépare.

X

LA DERNIÈRE BATAILLE

Le même jour, vers dix heures du matin, deux hommes à la porte de l'hôtel de la Chaussée de la Muette.

L'un, vêtu d'une redingote et d'un pantalon noir, coiffé d'un chapeau haut de forme

— 113 —

impeccable, soigneusement ganté, portait la rosette d'officier de la Légion d'honneur, les cheveux grisonnants, la barbe de même teinte et taillée en éventail, avait tout à fait les allures d'un important homme de loi.

L'autre, plus jeune, correctement vêtu d'un complet bleu foncé, la moustache et la barbe noires, assez fournies, le regard clignotant derrière un binocle qui semblait immuable, manifestait déjà la gravité qui sied à un officier ministériel en préparation.

Les persiennes de l'hôtel étaient fermées en signe de deuil...

La porte d'entrée en fer forgé s'entrebâilla pour laisser apercevoir la silhouette d'un portier qui avait déjà revêtu une livrée de deuil et qui, d'un ton plein d'onction, demanda aux visiteurs :

— Ces messieurs viennent pour signer ?

Et sans attendre leur réponse il leur indiqua le registre dont plusieurs pages étaient déjà recouvertes de nombreuses, importantes, et voire même, d'illustres signatures.

— Non, répliquait le plus âgé des deux personnages, je suis maître Donon, notaire, et voici mon premier clerc. J'ai une communication très urgente à faire à Mme la princesse Rascolini.

Le valet de pied répliquait :

— Madame la princesse est souffrante et ne reçoit personne.

Me Donon insistait :

— Je vous répète qu'il s'agit d'une communication très importante et qui ne saurait être remise sans causer le plus grand préjudice aux intérêts de la princesse.

Toujours avec la même onction qui laissait deviner de sa part une fidélité indéfectible à la consigne qu'on lui avait donnée, le portier répliquait :

— Je regrette vivement, monsieur, mais il m'est impossible, même de faire savoir à Mme la princesse que vous êtes là... M. le docteur Angelotti, qui soigne Mme la princesse, a formellement interdit l'accès de ses appartements à toute personne autre qu'à la première femme de chambre.

— Ne pourrais-je pas voir cette personne? insinuait le notaire.

— Non monsieur. Mlle Suzanne ne quitte pas la chambre de Mme la princesse.

— Il y a bien ici un intendant?

— Non monsieur.

— Quelqu'un de confiance... un maître d'hôtel, par exemple ?

— Oui... M. Marco.

— Est-ce que je pourrais lui parler ?

— Je ne sais pas... peut-être.

— Voulez-vous me rendre le service de vous en enquérir ?

— Je vais voir, monsieur.

Le portier tourna les talons et se dirigea vers le grand escalier qui donnait accès au premier étage.

Quand il eut disparu, Me Donon se pencha vers son clerc et lui parla tout bas.

De nouvelles personnalités entraient, comptant bien que le lendemain les journaux mondains publieraient leurs noms. Il n'y a pas de petite réclame.

Bientôt, le concierge revenait :

— M. Marco va descendre, annonça-t-il... Si ces Messieurs veulent me suivre.

Immédiatement, le notaire et son collaborateur lui emboîtèrent le pas.

Le domestique les fit entrer dans le bureau dont la porte s'ouvrait sous le grand escalier et où nous avons vu la belle Impéria avoir avec son maître d'hôtel un entretien plutôt... singulier.

Très poliment, il les invita à s'asseoir. Puis il fit :

— M. Marco est à vous dans deux minutes...

Il se retira en refermant doucement la porte.

Le clerc, qui s'était rapproché de son patron, ouvrit la bouche, mais, d'un signe bref et très clair, celui-ci l'invitait au silence... Et tous deux prirent place, chacun sur une chaise.

Leur attente ne fut pas de longue durée.
Presque aussitôt, Marco, vêtu de noir, l'air
grave et même attristé, pénétrait dans la
pièce. M° Donon et son clerc se levèrent.

Avec une dignité affectée, qui montrait
qu'il était fort pénétré de son importance, le
maître d'hôtel esquissa un salut de tête et
dit :

— Maître Donon, notaire?

— Parfaitement, répliquait l'officier ministériel sur un ton qui indiquait clairement
qu'il était résolu à conserver les distances...

— Veuillez vous asseoir, monsieur, lui disait le larbin, qui eut le tact de rester debout.

— Inutile, déclinait le tabellion. Je n'ai
qu'un mot à vous dire : il faut que je voie la
princesse Rascalini dans le plus bref délai.

— M°° la princesse est souffrante, affirmait Marco.

— On me l'a déjà dit. Mais fût-elle à
son lit de mort que j'insisterais encore pour
être admis en sa présence.

Si maître qu'il fût de ses réflexes, le maître
d'hôtel ne put réprimer un imperceptible
tressaillement.

— ... mon désir de vous être
... il m'est interdit de vous donner satisfaction.

— M°° la princesse a été tellement boule-
versée par la fin si brusque de M. le prince,
que toute émotion nouvelle lui est interdite.

— Voilà pourquoi je me fais un devoir absolu de barrer la porte à quiconque cherche
... à en franchir le seuil.

— Je ne puis que vous féliciter de votre
dévouement, soulignait M° Donon, mais
peut-être vous montrerez-vous moins intran-
sigeant si je vous fais part de l'objet de ma
visite.

— Quel qu'il soit, mon cher maître, je
conserverai la même attitude.

— C'est très bien... grommelait le notaire
d'un air contrarié.

Puis il formula :

— Au fait, M°° la princesse Rascalini n'a-
t-elle point un secrétaire?

— En effet, déclarait Marco, c'est M. de
d'Orvielo.

— Est-ce que je pourrais le voir?

— Pas en ce moment.

— Il est malade, lui aussi?

— M. le comte est sorti.

— Savez-vous quand il rentrera?

— Je l'ignore.

— C'est bien ennuyeux, scandait M° Donon.
J'aurais tant voulu que cette formalité s'ac-
complît d'accord avec la princesse.

— Le fait est, faisait le clerc, qu'il est
préférable de ne pas mêler la police à cette
histoire.

— La police! répéta malgré lui le maître
d'hôtel.

M° Donon répétait, comme s'il ne l'avait
pas entendu :

— Son intervention ne va pas manquer de
provoquer dans certains journaux, toujours
avides de potins sensationnels, des appré-
ciations qui risquent fort de déchaîner un
scandale et de compromettre certaines gens
appartenant à l'entourage du de cujus.

— Je ne comprends pas ce que vous voulez dire, déclarait Marco dont les yeux
commençaient à se plisser.

— De cujus, expliquait tranquillement le
notaire, est la formule que nous employons
pour désigner le défunt dont les dernières
volontés sont déposées dans nos études.

— Ah! très bien! très bien! faisait le
maître d'hôtel, de plus en plus troublé.

Avec la même bonhomie, M° Donon continuait :

— Après tout, puisque je ne peux pas être
reçu par la principale intéressée ni par son
secrétaire, je ne vois pas pourquoi, à vous
qui devez être son homme de confiance, je
ferais plus longtemps mystère des raisons
qui m'amènent ici.

Et tranquillement, comme s'il s'agissait
de la chose la plus naturelle du monde, le
notaire révéla :

— Il y a trois mois environ, le prince Rascolini m'a remis un papier entièrement écrit, signé et paraphé de sa main en présence de deux honorables témoins, et dans lequel il déclare exiger qu'après son décès, son corps soit autopsié par deux chirurgiens qu'il désigne expressément, MM. les professeurs Desmottes et... et...

— Sardonce, soulignait le clerc.

— C'est cela, Sardonce, répétait Mᵉ Donon... Ce qu'il y a de plus grave, c'est que le prince Rascolini ordonne que si cette clause n'a pas été respectée dans les quarante-huit heures qui suivront son décès, il annule toutes ses autres dispositions testamentaires, qui font de sa légitime épouse sa légataire universelle, et laisse toute sa fortune mobilière et immobilière à l'œuvre des Italiens réfugiés en France.

Et tout en fixant bien Marco dans les yeux, l'homme de loi conclut :

— Vous voyez, monsieur Marco, que je ne vous trompais pas lorsque je vous disais que j'avais un grave motif de voir tout de suite Mᵐᵉ la princesse.

Marco ne parvenait plus à dissimuler l'embarras et la crainte dans lesquelles l'avaient plongé les paroles du notaire.

— Evidemment, disait-il, c'est infiniment regrettable.

— D'autant plus, développait Mᵉ Donon, avec son petit air de ne toucher à rien, que si l'on découvrait dans le corps du prince Rascolini des traces de toxiques ou si l'examen médical démontrait simplement que l'on a forcé la dose des stupéfiants qu'on avait l'habitude quotidienne de lui administrer, il pourrait en cuire, non seulement à ceux qui ont donné un pareil ordre, mais encore et surtout à ceux qui l'auraient exécuté.

Devenu livide, Marco s'écriait :

— Prétendriez-vous, monsieur, que le prince a été empoisonné ?

D'une voix devenue subitement métallique, et même claironnante, Mᵉ Donon martela :

— Parfaitement, et vous le savez mieux que personne.

— Moi, monsieur.

— Oui, vous... puisque c'est vous qui avez fait le coup.

— Mais...

— Oui, vous. Inutile de nier, votre pâleur et votre trouble vous ont trahi.

« Maintenant, monsieur le maître d'hôtel, à table ! C'est à votre tour d'être servi.

— Monsieur le notaire, protestait l'Italien qui, se sentant coincé par une force supérieure, avait complètement perdu la tête.

— Inutile de chercher à me persuader, pas plus qu'à m'attendrir, reprenait Mᵉ Donon. Je connais votre pédigrée. Vous ne vous appelez pas Marco, mais Marcolini. Vous êtes l'âme damnée, et jamais qualificatif n'a été plus vrai, de la princesse Rascolini.

« Vous vous êtes fait, ainsi que la femme de chambre Suzanne, votre maîtresse, le complice grassement rétribué de toutes ses infamies.

« C'est vous qui l'avez aidée à tuer un de ses amants, Raymond Kérénot, dans un guet-apens où il a trouvé la mort. C'est vous qui, entré comme espion à ses gages au service du comte et de la comtesse de Roscanvel, avez déclaré mensongèrement au juge d'instruction de Marseille, que vous aviez surpris Julien Guéret en train d'embrasser sur la bouche la comtesse Marie-Thérèse, le lendemain du jour où son mari avait été écrasé par le train bleu.

« C'est vous qui avez laissé accuser cet homme de lettres et cette malheureuse femme d'avoir assassiné M. de Roscanvel, tandis que vous saviez pertinemment qu'il était vivant, et qu'il se cachait dans cette maison sous le masque du faux mutilé de guerre sous le nom d'emprunt de Gabriele d'Orvieto. Niez donc, misérable, je vous en défie, je vous tiens, je ne vous lâcherai pas.

Blême, claquant des dents, suant la peur, le gredin bégayait :

— Comment... vous... vous... un notaire... avez-vous pu apprendre tout cela ?

— Je ne suis pas notaire, mais bel et bien détective.

— Dé...tec...ti...ve ?

— Mon nom ne vous est peut-être pas inconnu... car ce n'est pas la première fois que je viens dans cette maison.

— Chantecoq !

— Oui... Chantecoq.

— Je suis perdu !

— Pas sûr ! déclarait le grand limier. Ecoutez moi, Marcolini... Vous êtes une canaille... et même une abominable fripouille... Cette Suzanne dont vous voulez faire votre femme ne vaut guère mieux que vous... Vous êtes donc destinés à faire un couple très bien assorti. Je m'en voudrais de vous désunir... et il ne tient qu'à vous de réaliser votre rêve, qui est de vous en aller loin, très loin, avec elle, profiter du magot que vous possédez déjà, et que vous ont valu vos multiples infamies.

« Peut-être redeviendrez-vous honnête quand vous en aurez les moyens... C'est la grâce que je vous souhaite. Il est certain que la justice serait plus satisfaite et la morale plus sauve si je vous faisais arrêter, mais quand il s'agit de sauver deux innocents et de les arracher, l'un à la guillotine, l'autre à la maison centrale, il est bien permis de faire une entorse à cette morale et à cette justice dont je me suis pourtant institué le zélé défenseur.

« Ce principe posé, voilà ce que je vous propose :

« Vous allez tout de suite me dire où se cachent la princesse Rascolini et le comte de Roscanvel... sinon, je vous dénonce, et en avant la musique.

Effondré, Marcolini râlait.

— Monsieur Chantecoq, je ne puis rien vous dire... je ne sais pas.

— Ne faites pas l'imbécile.

— Monsieur Chantecoq, je vous jure que j'ignore, et Suzanne aussi, où ils sont partis.

Vous pensez bien qu'ils n'auront pas été nous raconter, à nous, des domestiques...

— Allons donc ! ils vous ont choisis pour complices de leurs crimes... vous ne me ferez pas croire qu'ils ne vous ont pas pris aussi pour confidents de leur retraite.

— Sur la tête de mon père et de ma mère, je vous jure que je dis la vérité.

— Et sur la vôtre, le jurez-vous aussi ?

— Oui, monsieur Chantecoq, même sur la mienne.

— Prenez garde, Marcolini, votre tête n'est déjà plus très solide sur vos épaules.

— Monsieur Chantecoq, gémissait lâchement le misérable, si je savais, je vous l'aurais déjà dit.

— Mon cher Jacques, lançait le roi des détectives à son gendre, en lui désignant un appareil téléphonique, voulez-vous me demander le procureur de la République.

Le reporter étendait la main vers le récepteur lorsqu'un des panneaux de la vaste bibliothèque qui garnissait entièrement l'un des murs, pivota sur lui-même.

Une femme apparut, le visage convulsé, en proie à une indicible épouvante ; c'était Suzanne qui se précipitait vers Chantecoq en disant :

— Grâce ! Pitié ! J'étais là... cachée derrière la porte secrète, j'ai tout entendu... Il ne vous a pas menti, monsieur... Il ne savait rien... Mais moi je sais...

« Hier soir j'ai surpris une conversation entre eux...

« M. le comte disait :

« — J'ai l'impression que nous sommes traqués par Chantecoq et que celui-ci n'attendra pas les obsèques du prince pour frapper un coup décisif.

« — Alors, que faire ? interrogeait Mme la princesse.

« M. d'Orvieto répondait :

« — Nous cacher.

« — Où cela ?

« — A Paris, c'est encore là qu'on est le mieux quand on veut se dissimuler.

— Et après ?

— M. d'Orvieto répliquait :

« — Après ?... Avant tout, il s'agit de supprimer Chantecoq, car tant qu'il ne nous aura pas retrouvés, il se gardera bien de nous dénoncer à la police et, une fois qu'il sera mort, nous n'aurons plus rien à redouter de lui.

— Pas possible ! soulignait au passage le roi des détectives.

Suzanne achevait :

— Voilà, monsieur Chantecoq, tout ce que je puis vous dire et ce que je vous raconte est la pure vérité.

— Je veux bien vous croire, concédait le limier, mais il est une chose que vous avez complètement oublié de me révéler.

— **Quoi donc ?**

— L'adresse de l'endroit où se cachent les fugitifs.

— C'est juste, excusez-moi, j'étais et je suis encore si troublée.

— Allons, parlez.

— 57, rue Henri-Heine.

— Hein ! chez Roscanvel ! s'exclama Chantecoq... Ça... c'est « culotté !... et après tout, ce n'est pas si bête.

Puis il ajouta :

— Cela est d'ailleurs facile à vérifier... Si vous ne m'avez pas raconté de blagues, je tiendrai la promesse que je vous ai faite, et vous aurez le temps de vous mettre à l'abri avant que la police officielle ne vous inquiète.

« Sinon, ce soir, vous coucherez tous les deux à la boîte...

« Je vous préviens qu'il est inutile de chercher à vous défiler, toutes mes précautions sont prises... Et sachez que je ne bluffe jamais.

« Surtout, ne vous avisez pas d'avertir, en douce, votre patron que je me prépare à lui rendre une petite visite, car je vous avertis qu'en ce cas, je serais comme le gendarme, c'est-à-dire *sans pitié*.

Une sonnerie de téléphone vibrait.

Chantecoq saisit l'appareil et écouta.

— Allo ! lançait une voix d'homme à l'autre bout du fil : c'est vous Marco ?

— Oui, monsieur le comte, répliquait le détective en empruntant au maître d'hôtel son accent italien.

— Rien de nouveau ? interrogeait Roscanvel.

— Non monsieur le comte.

— Savez-vous si l'homme en question est rentré à Paris ?

— Oui, monsieur le comte.

— Nul doute qu'il ne se présente ici sous un déguisement quelconque.

Chantecoq répliquait sans sourciller.

— C'est déjà fait, monsieur le comte.

« Il est venu camouflé en notaire, sous prétexte de communiquer à Mme la princesse un testament de M. le prince, dans lequel celui-ci réclamait que l'on fît son autopsie dans les quarante-huit heures qui suivaient son décès.

« Mais je l'ai repéré tout de suite et je l'ai éconduit non sans peine.

— Très bien, Marco, continuez à veiller, lançait la voix du comte. Mais je crois que bientôt le coq aura fini de nous faire *chantecoquer*.

— Si je pouvais vous aider, insinuait le détective.

— Vous consentiriez ?

— Avec plaisir et je crois même avoir prouvé... mais ce sont des choses qu'on ne peut pas dire par téléphone.

— Je comprends... Venez donc me retrouver sous un déguisement quelconque.

— Où cela ?

— 57, rue Henri-Heine.

— Je serai près de vous dans une heure.

— Je vous attends... Apportez-nous en même temps quelques provisions.

— Entendu, monsieur le comte.

Chantecoq raccrocha l'appareil. Dissimulant sous un masque impassible la vive satisfaction qu'il éprouvait, il fit :

— Vous ne m'avez pas menti, mademoiselle... et je vous en félicite... cela me donne confiance pour la suite... Mais encore un coup, je vous en préviens, vous êtes surveillés... Donc, attention !...

« Mais si tout se passe comme je l'espère, dès ce soir vous pourrez, à votre tour, jouer la fille de l'air. En ce cas, bon vent, et que le diable vous emporte.

Chantecoq et Bellegarde se retirèrent, laissant le maître d'hôtel et la femme de chambre littéralement consternés, désemparés, abrutis.

— Quel homme ! murmurait Marcolini... J'ai bien cru que j'étais perdu...

— Heureusement que j'ai pu lui donner l'adresse, déclarait Suzanne.

— Sans cela nous étions coffrés, tremblait encore le larbin.

— N'empêche, observait la camériste, que nous perdons gros.

— N'empêche aussi, concluait philosophiquement Marco que nous ne pouvions pas nous en tirer à meilleur compte...

« Dès que je pourrai sortir, j'irai porter un cierge à la Madone.

. . . .

Une heure environ après la scène que nous venons de décrire, un plombier qui portait en bandoulière un sac de cuir, contenant ses instruments de travail, s'arrêtait devant l'hôtel de la rue Henri-Heine. Il devait être impatiemment guetté, car à peine avait-il levé la tête vers les fenêtres du premier étage, que la petite porte de service s'entr'ouvrait doucement... sans laisser apparaître personne.

Le plombier se faufila aussitôt par l'entre-bâillement et disparut à l'intérieur.

— C'est vous, Marco, interrogeait Roscanvel, qui se trouvait dans le couloir obscur.

— Oui monsieur le comte, répliquait Chantecoq, en imitant à merveille la voix et les intonations de Marcolini.

Le comte Robert, à cent lieues de soupçonner que c'était le roi des détectives qui lui

emboîtait le pas, gravit l'escalier de service qui conduisait directement au deuxième étage, où, à l'abri de toute indiscrétion, la belle Impéria et son amant avaient établi leur quartier général.

Afin d'éviter que toute lumière fût aperçue du dehors, non seulement les volets de toutes les pièces étaient demeurés fermés, mais d'épais rideaux interdisaient aux moindres rais de lumière de filtrer à l'extérieur.

La princesse Rascolini était à demi étendue sur un divan... La clarté tamisée d'un plafonnier éclairait doucement son beau visage.

Roscanvel referma la porte. Le limier s'inclina respectueusement devant la princesse, puis déposant son sac sur une table, il en retirait successivement une bouteille de champagne, une terrine de foie gras et une boîte rectangulaire qui par sa forme et ses dimensions ressemblait fort à celle qu'il emportait toujours avec lui dans ses expéditions et avec laquelle, la veille il avait inspiré une véritable frousse à M. Méjasson.

Autour de la boîte courait une bande blanche collée à la paroi et sur laquelle se détachaient ces mots imprimés à l'encre rouge :

Harengs de la Baltique
suivant la recette du capitaine Brown...

Tandis que le faux plombier se livrait à ces préparatifs, la princesse murmurait à l'oreille de Roscanvel :

— Il est vraiment fort bien transformé.

Le comte Robert surenchérissait :

— Vous pouvez même dire qu'il est impossible de le reconnaître.

Tout haut, la belle Impéria reprenait :

— Alors, il paraît, Marco, que vous avez trouvé le moyen de nous débarrasser de Chantecoq.

— Si... si... affirmait le détective, tout en adaptant à la boîte de conserve une clef spéciale qu'il avait prise dans sa poche.

Roscanvel s'exprimait :

— Je serais curieux de savoir comment vous allez vous y prendre.

Tout en commençant à ouvrir la boîte qui contenait ou plutôt était censée contenir des harengs de la Baltique, le détective répliquait en imitant toujours la voix et l'accent de Marcolini.

— Je vais vous le dire : c'est excessivement facile... Ce soir...

Mais il s'arrêta, l'oreille aux aguets... Puis il fit :

— Je crois que j'ai entendu du bruit.

La princesse et le comte échangèrent un regard d'inquiétude.

D'un geste, le faux plombier les rassura et s'en fut vers la porte.

— Quoi qu'il arrive, fit-il en baissant le ton, ne bougez pas de cette pièce, je réponds de tout.

Il s'élança au dehors et referma la porte derrière lui.

— Pourvu qu'il n'ait pas été repéré et suivi par Chantecoq, redoutait la belle Florentine.

Le comte Robert s'écria, en tirant de sa poche un browning.

— Si jamais ce maudit détective se présentait ici, cette fois je n'hésiterais pas à lui brûler la cervelle.

— Taisez-vous ! s'écriait la princesse... On dirait un bruit de serrure, là tout près... dans la chambre.

Roscanvel tendit l'oreille. Un silence absolu régnait dans la maison.

— Mais non, fit-il... ce n'est rien.

— Je vous assure que j'ai entendu.

— Vous vous êtes trompée.

— Pas du tout.

— Puisque vous insistez, je vais voir.

Le comte Robert se dirigea vers la porte de la chambre... Il voulut l'ouvrir, elle lui résista.

— Fermée à clef, constata-t-il avec stupeur.

— C'est impossible affirmait Gemma... il n'y a pas dix minutes, elle était encore ouverte.

— Vous voyez bien que non ! faisait constater Roscanvel...

Pris d'un soupçon subit, il s'en fut vers la porte qui donnait sur l'escalier, et par où le faux zingueur avait disparu.

Impossible également de l'ouvrir.

— Nous sommes enfermés ! fit-il d'une voix irritée.

— Par qui ?... interrogeait la princesse.

Roscanvel ne répondit pas.

La belle Impéria questionnait :

— Marco nous aurait-il trahis ?

Son amant eut un geste de dénégation.

— Alors, qui ? lançait l'Italienne.

Le comte Robert gardait toujours le silence.

Gemma se levait pour aller vers lui, lorsque, d'un geste brusque, il porta la main à son front.

— Qu'avez-vous ? fit la princesse.

— Un vertige.

— Moi aussi, je viens d'avoir un éblouissement.

— C'est étrange.

— J'ai peur, Robert.

— Vous !

— Oui, j'ai peur !

La Florentine chancela à son tour et retomba sur le divan.

Lentement, Roscanvel proférait d'une voix rauque :

— Nous sommes tombés dans un piège que Chantecoq nous a tendu. L'homme de tout à l'heure, ce n'était pas Marco ! c'était lui !...

Titubant comme un homme ivre, il s'avança vers la table sur laquelle le détective avait déposé tout à l'heure la bouteille de champagne, la terrine de foie gras, le pain et les harengs de la Baltique. D'une main tâtonnante, il saisit la boîte.

— Vide ! fit-il, elle est vide !... Parbleu, je comprends... elle devait contenir des gaz somnifères qui se sont répandus dans la pièce, et voilà pourquoi je...

Il s'arrêta, contemplant d'un œil hagard la princesse Rascolini, qui, étendue tout de son long sur le divan, ne donnait plus signe de vie... Il s'approcha d'elle.

— Endormie, fit-il...

Il voulut la secouer, mais en vain... car ce n'était plus le sommeil, mais la léthargie qui la paralysait toute.

— Fuir ! Fuir ! râlait Roscanvel, qui se sentait de plus en plus envahi par une irrésistible torpeur... Mais cette pièce n'a pas d'autre issue que ces portes, et mon cabinet de travail est commandé par elles.

Il s'avança vers une tenture, l'écarta et étendit la main vers l'espagnolette d'une fenêtre.

— A quoi bon ! se dit-il, il doit nous attendre en bas... Il a sûrement alerté la police.

« J'aime mieux mourir que de tomber vivant entre les mains de ces gens-là.

Il reprit son browning.

— Elle d'abord, grinça-t-il... moi après.

Il braqua le canon de son arme vers la poitrine de l'Italienne... Mais, au moment où il allait appuyer sur la détente, un cri sourd lui échappa, et tournoyant sur lui-même, il s'effondra sur le tapis, aux pieds de celle qu'il avait voulu frapper avant de mourir.

Ce matin-là, M. le juge d'instruction Ribécourt, en pénétrant dans son cabinet, eut un vif mouvement de surprise en constatant la présence d'une énorme caisse qui devait certainement contenir un de ces pianos à queue, dits de concert, tels qu'on en voit chez Colonne, Pasdeloup et au Conservatoire.

— Ah çà ! demanda-t-il à son greffier, qui, déjà là, contemplait avec stupeur ce mystérieux colis, qu'est-ce que peut bien contenir cette boîte ?

— C'est justement, monsieur le juge, ce que j'étais en train de me demander.

M. Ribécourt qui s'était approché, lisait ces mots tracés sur une large étiquette clouée à la caisse et calligraphiés en ronde :

A monsieur le juge d'instruction,

Ribécourt,

Palais de Justice,   *Marseille.*

— Il n'y a pas d'erreur, c'est bien pour moi, déclarait le magistrat. Mais qu'est-ce qu'il peut bien y avoir là dedans ?... Dites-moi, Cadière, savez-vous qui a apporté cela ici ?

— Monsieur le juge, j'ai déjà fait une enquête, et personne n'a pu me fournir à ce sujet le moindre renseignement.

— Attendez donc, reprenait M. Ribécourt qui avait continué son inspection sur cette étiquette, il y a quelque chose d'écrit, oui, parfaitement.

Envoi de M. Chantecoq, détective privé.

— Chantecoq, détective privé, c'est bien, n'est-ce pas, cet ancien agent de la Sûreté qui s'est établi à son compte après la guerre, et que l'on a surnommé le roi des détectives ?

— Parfaitement, monsieur le juge.

— Je me demande ce qu'il peut bien m'envoyer dans cette véritable boîte à Pandore, sur laquelle il a pris la peine de faire imprimer en grosses lettres les mentions HAUT et BAS... TRÈS FRAGILE.

« Et puis, pourquoi çà et là des petits trous ?

« Depuis vingt ans que je suis juge d'instruction, il ne m'est pas encore arrivé une pareille histoire.

— Si nous l'ouvrions pour voir ?... proposait le greffier.

— Non, ça ne presse pas, déclarait M. Ribécourt... Voyez-vous qu'elle soit l'œuvre d'un mauvais plaisant, ou pire... Il vaudra mieux procéder à cette opération quand je ne serai pas là.

« D'ailleurs, il faut que ce matin j'interroge la princesse de Roscanvel que l'on m'a expédiée hier de Paris. Elle doit être arrivée.

— Je vais voir monsieur le juge.

On frappait à la porte.

— Entrez, fit le juge.

C'était le gendarme de planton qui lui apportait une carte.

A peine le magistrat en eut-il eu le libellé sous les yeux qu'il s'exclama :

— Chantecoq ! C'est lui... nous allons avoir le mot de l'énigme. Gendarme, faites entrer tout de suite M. Chantecoq.

Le grand limier apparut, souriant avec une déférente amabilité sous laquelle un œil clairvoyant n'eût pas été sans distinguer une légère ironie. Il s'inclina devant le juge qui tout de suite attaqua en lui désignant la caisse monumentale :

— Monsieur Chantecoq, j'ai bien reçu votre envoi ainsi que vous le voyez... Je n'ai pas encore eu le temps de l'ouvrir... Mais puisque vous voici, vous allez certainement me dire tout de suite ce qu'il contient.

Avec une assurance capable de désarçonner saint Georges, le roi des détectives ripostait :

— La preuve de l'innocence de Julien Guéret et de Mme de Roscanvel.

— Hein ! Quoi ! Qu'est-ce que vous dites ? s'exclamait M. Ribécourt en levant les bras vers le plafond.

« Ah çà ! monsieur Chantecoq, auriez-vous l'intention de vous moquer de la justice ?

— Je n'ai qu'un souci, monsieur le juge, celui de la servir.

— Il me semble que vous vous y prenez d'une manière bien étrange.

— Dites plutôt originale, monsieur le juge... Sachant combien, avec une bonne foi à laquelle je rends hommage, vous vous obstinez à voir deux coupables en deux innocents, j'ai voulu vous convaincre par un fait matériel, brutal, indéniable, que vous étiez dans l'erreur.

— Non !

— Oui, monsieur le juge, puisque M. de Roscanvel est vivant !

— Le comte de Roscanvel vivant ! Quelle est cette mauvaise plaisanterie ?... Allons, la farce a suffisamment duré... Monsieur Chantecoq, je vous prie de sortir.

— Pas avant de vous avoir démontré, monsieur le juge, que le comte de Roscanvel est vivant !

Et s'approchant de la caisse, il appuya sur un ressort secret qu'il fit s'abattre dans toute sa hauteur et dans toute sa largeur le panneau d'avant.

Ahuris, à moitié fous, M. Ribécourt et son greffier aperçurent attachés solidement sur deux tabourets le haut et le bas du corps maintenus par des courroies dont les extrémités étaient fixées aux montants de la caisse, immobiles, encore anesthésiés et face à face un homme revêtu d'un très chic costume de sport et une femme portant une élégante robe de jour.

Triomphalement, Chantecoq présentait :

— Monsieur le comte de Roscanvel et sa maîtresse la princesse Rascolini.

— Je rêve ! !

Ce fut tout ce que put dire l'infortuné Ribécourt, qui s'écroula dans son fauteuil, tandis que Cadière, essuyant avec sa manche la sueur qui perlait à ses tempes, s'écriait :

— Décidément, il n'y a qu'à Marseille qu'il arrive de pareilles histoires !

Ne voulant pas compromettre davantage son prestige, M. Ribécourt s'évertuait à se ressaisir. Encore à moitié suffoqué, il reprenait :

— Monsieur Chantecoq, m'expliquerez-vous...

— Ce sont eux qui vont tout vous raconter eux-mêmes.

— Mais ils sont morts.

— En léthargie simplement, monsieur le juge. Je puis, en quelques secondes, les en faire sortir, si toutefois vous le désirez.

— Mais comment donc !

Chantecoq s'approcha du colis et prit dans sa poche un étui renfermant un flacon qu'il déboucha et dont il fit respirer le contenu tour à tour au comte et à l'Italienne.

Deux minutes après, ils étaient réveillés tous les deux... brisés, courbaturés, engourdis, étourdis, déroutés, ne comprenant pas bien encore et regardant autour d'eux avec des yeux lourds de sommeil, effarés, congestionnés sous leurs paupières tombantes.

En un tournemain, Chantecoq les débarrassa de leurs liens, et de sa voix mordante leur dit :

— Monsieur le comte de Roscanvel, madame la princesse Rascolini, permettez-moi de vous présenter à monsieur le juge d'instruction Ribécourt, qui va maintenant s'occuper de vous d'une façon toute spéciale.

L'Italienne eut un cri de rage... Roscanvel se contenta de grincer les dents... Le greffier approcha des sièges... Tous deux étaient incapables de se tenir sur leurs jambes. Ils se laissèrent tomber lourdement sur leurs chaises.

Justicier implacable, Chantecoq reprenait :

— Quand vous vous sentirez un peu mieux, princesse, sans doute consentirez-vous à expliquer à M. le juge d'instruction comment vous avez fait disparaître un certain Raymond Kérénot et la façon dont vous vous y êtes prise pour faire passer le cadavre de ce malheureux pour celui de M. de Roscanvel.

— Je ne dirai rien ! grinçait l'Italienne.

Mais se redressant tout à coup, comme s'il venait de récupérer ses forces, le comte Robert s'écriait :

— Eh bien ! moi, je vais parler. J'étais fou de cette femme... A l'insu de tous, elle m'avait littéralement ensorcelé. Tous deux, nous voulûmes être l'un à l'autre sans partage... Nous étions mariés tous les deux... Nous ne pouvions pas divorcer, elle, parce que le divorce est, comme vous le savez, interdit par la loi italienne, moi, parce que je voulais éviter à la famille très chrétienne à laquelle j'appartiens le chagrin de voir l'un des leurs désobéir aux commandements de l'Eglise.

« Gemma me jura de se débarrasser de son mari dès que j'aurais supprimé ma femme.

« Bien que je fusse capable de tout pour garder à jamais l'amour de celle qui m'avait inspiré une passion insensée, je me refusai à sacrifier une femme que j'avais jadis épousée croyant l'aimer et qui, elle, m'aimait encore de toute son âme.

« J'étais prêt à tous les crimes, sauf à celui-là.

« Nous décidâmes alors, Gemma et moi, de me faire passer pour mort.

« Gemma m'avait avoué qu'avant de me connaître, elle avait eu pour amant un individu dont elle s'était séparée et qui cherchait à la faire chanter.

« Nous résolûmes de l'attirer dans un guet-apens, de le tuer et de placer son corps sur la voie de façon à lui faire écraser la tête par le train bleu.

Le coup réussit. Ce fut elle qui le frappa d'un coup de revolver en plein cœur quelques minutes avant le passage du rapide... Moi, je mis dans les poches de son pantalon des papiers qui m'appartenaient... Vous savez le reste, monsieur le juge d'instruction... Faites votre devoir... Je n'ai plus rien à ajouter... Mon avocat plaidera sans doute la folie... Peut-être aura-t-il raison... car c'est une véritable démence qui s'est emparée de moi du jour où j'ai connu cette femme.

« Auparavant, j'étais un honnête homme, un gentilhomme, monsieur le juge, elle a fait de moi un bandit, un assassin...

« Voici ma tête, prenez-là.

M. Ribécourt, très impressionné, demandait à la princesse :

— Qu'avez-vous à répondre à cela ?

— Rien ! répliquait l'Italienne, dont les yeux avaient des lueurs d'enfer... ou plutôt si. M. de Roscanvel a oublié un détail qui, à vos yeux, aura sans doute quelque importance.

— Quoi donc ? interrogeait le magistrat.

— C'est que, conformément à la promesse que je lui avais faite, je n'ai pas hésité à supprimer mon mari en lui faisant administrer par mon maître d'hôtel une dose de morphine assez forte pour calmer définitivement ses souffrances.

Effaré par ce cynisme, M. Ribécourt s'écriait :

— Cette femme est un monstre.

— Dites plutôt une hystérique du crime, définissait Chantecoq.

— Quelle affaire ! se lamentait le juge, qui avait complètement perdu la boule.

Et tout en adressant un regard suppliant à Chantecoq, il fit :

— Comment vais-je en sortir ?

— Monsieur le juge, rien n'est plus simple, déclarait le détective. Vous n'avez d'abord qu'à coffrer ces deux inculpés.

— Vous avez raison. Cadière, préparez deux mandats d'arrêt.

— Puis, poursuivait le limier, vous allez signer tout de suite un non-lieu en faveur de Julien Guéret et de Mme de Roscanvel.

— Parfaitement.

Tandis que le juge, aidé par son greffier, se livrait à ces formalités, Chantecoq s'approchant des deux prisonniers, leur disait :

— Vous avez voulu me défier. Vous voyez ma riposte.

Et il ajouta :

— Il est bon que de temps en temps le vice soit encore puni et la vertu récompensée !

ÉPILOGUE

Le jour même, Lucien Guéret et Mme de Roscanvel étaient remis en liberté... Chantecoq les attendait à leur sortie de prison...

Le détective n'était pas l'homme des effusions. Malgré tout, il fut vivement touché par la façon si expressive dont les deux rescapés lui exprimèrent leur reconnaissance.

Il les emmena à l'hôtel où il était descendu, et où ils retrouvèrent Jacques Bellegarde qui avait accompagné son beau-père et tenait à recueillir, en parfait reporter qu'il était, les premières impressions des deux innocents.

— Quel beau roman vous allez pouvoir écrire, disait le journaliste à l'homme de lettres.

Mais celui-ci répliquait :

— Non, car la fin en serait vraiment trop douloureuse.

— Cependant, vous voilà tous deux en liberté.

— Oui, mais...

Julien Guéret s'arrêta en laissant échapper un profond soupir.

Chantecoq s'approcha, et tout en lui prenant la main, il fit :

— Patience ! Votre admirable sacrifice ne saurait tarder à obtenir sa récompense.

« Pour l'instant, celle que vous aimez est encore trop meurtrie par la souffrance. Mais déjà elle sait jusqu'à quel point vous l'adorez, et je puis vous certifier qu'elle eût préféré mourir plutôt que de vous voir condamner.

« En ce moment, en face de l'infamie de son mari, qui n'a pas hésité à la dénoncer à la police et à la faire arrêter, elle ne peut être qu'une pauvre chose douloureuse et désemparée.

Mais bientôt elle se ressaisira, bientôt elle comprendra qu'elle n'a pas le droit de rester fidèle à la mémoire d'un pareil misérable et que, loin d'avoir perdu le droit à l'amour, elle l'a acquis au prix de la plus effroyable des épreuves.

« Et c'est vers vous que, tendrement et pour toujours, ira son cœur.

Et avec un sourire plein d'exquise bonté, le roi des détectives ajouta :

— Soyez tranquille... j'ai toujours été bon prophète.

FIN

ROMANS MYSTÉRIEUX

Nouvelle collection d'ouvrages, agréables de lecture, mouvementés, divertissants et sur lesquels plane l'attrait du mystère.

Déjà parus dans cette Collection

ANDRÉ ARMANDY

L'Ile de Corail	1 Vol. 10.»
Le Satanic	
I Les Epaves Dorées	— 9.»
II L'Ile de la Morte	— 9.»

GABRIEL BERNARD

Les Compagnons de la Haine	1 Vol. 9.»

RENÉ JEANNE et E.-M. LAUMANN

Les Mystères d'Hollywood	1 Vol. 9.»

ARTHUR BERNÈDE

Belphégor	1 Vol. 9.»
Poker d'As	— 9.»

HENRI FONTIS et JEAN RICARD

L'Homme aux Trois Visages	1 Vol. 9.»
To... Go... Lo...	— 9.»

NORBERT SEVESTRE

Le Trèfle Rouge	1 Vol. 9.»

EN VENTE PARTOUT

LIBRAIRES — KIOSQUES — GARES — MARCHANDS DE JOURNAUX

et aux

Editions JULES TALLANDIER, 75, Rue Dareau, 75 -:- PARIS (XIVᵉ)